WHODUNIT
DER TOTE IM STUDIERZIMMER

TIM DEDOPULOS

LÖSE 53 KNIFFLIGE FÄLLE UND SCHNAPPE DEN TÄTER

Für die deutsche Ausgabe:
Übersetzung aus dem Englischen: Marlena Teitge
Produktmanagement und Lektorat: Sandra Aichele, Sonja Fakler
Covergestaltung: Eva Grimme
Layout und Satz: Arnold & Domnick GbR
Druck und Bindung: Drukarnia Interak Sp. z o. o.

Die englische Originalausgabe erschien 2015 unter dem Titel *Whodunit*
bei Arcturus Holdings Limited.

Copyright © Arcturus Holdings Limited

Geschichten, Rätsel und Lösungen in diesem Buch wurden von dem Autor und den Mitarbeitern des Verlags sorgfältig geprüft. Eine Garantie wird jedoch nicht übernommen. Autor und Verlag können für eventuell auftretende Fehler oder Schäden nicht haftbar gemacht werden. Das Werk und die darin veröffentlichten Geschichten und Rätsel sind urheberrechtlich geschützt. Die Vervielfältigung und Verbreitung ist, außer für private, nicht kommerzielle Zwecke, untersagt und wird zivil- und strafrechtlich verfolgt. Dies gilt insbesondere für eine Verbreitung des Werkes durch Fotokopien, Film, Funk und Fernsehen, elektronische Medien und Internet sowie für eine gewerbliche Nutzung der veröffentlichten Geschichten.

1. Auflage 2020

© 2020 frechverlag GmbH, Turbinenstraße 7, 70499 Stuttgart

ISBN: 978-3-7724-7193-3 • Best.-Nr. 7193

INHALT

EINLEITUNG 6

FÄLLE
Level 1 10
Level 2 169

LÖSUNGEN
Level 1 236
Level 2 250

Einleitung

Rätsel zu lösen ist das älteste Hobby der Menschheit. In allen Kulturen tüfteln die Menschen in ihrer Freizeit – und das bereits seit Anbeginn der Zivilisation. Auch unsere heutigen Errungenschaften haben wir der Fähigkeit zu verdanken, ein Problem mittels unserer Intelligenz zu lösen. Es ist daher nicht verwunderlich, dass sie in unserer Existenz eine so große Rolle spielt. Aber damit nicht genug! Aktuelle Studien belegen, was wir schon seit langem vermuten: Die allseits bekannte Warnung „Wer rastet, der rostet" gilt nicht nur für die körperliche, sondern genauso für

Miss Mary Miller

LEVEL 1

die geistige Fitness. Je mehr wir unser Gehirn fordern, desto kleiner ist das Risiko von Gedächtnisschwund im hohen Alter. Das tägliche Tüfteln hält uns also tatsächlich fit!

Dieses Buch enthält Rätsel der besonderen Art.

In jeder Kurzgeschichte begegnest du verschiedenen Personen, von denen eine oder mehrere versuchen werden, dich hinters Licht zu führen.

Du findest alles, was du brauchst, um den Täter oder die Täterin zu identifizieren, innerhalb der Geschichte: Eine Unstimmigkeit, Unmöglichkeit oder jemand, der sich verplappert, verrät dir, wer der/die Schuldige ist.

Es ist deine Aufgabe, den Fehler in der Geschichte zu finden, und die kriminelle Person auffliegen zu lassen.

Die Kurzgeschichten im ersten Teil (Level 1) sind kurz, und die Fehler leicht zu entdecken. Die Rätsel des zweiten Levels sind ein bisschen schwieriger. Die Geschichten sind länger, die Beweise undurchsichtiger und die Tathergänge komplizierter. Aber es gibt Hinweise, die dir helfen – und falsche Spuren, damit du eifrig bei der Sache bleibst!

Oliver James

EINLEITUNG

Bevor es losgeht, möchte ich dir noch unsere Detektive vorstellen: **Inspektor Ignatius „Paddington" Parnacki, Miss Mary Miller** und **Oliver James.** In jeder Geschichte schaust du einem der Ermittler über die Schulter, um die Wahrheit über den Fall aufzudecken.

Viel Spaß bei der Detektivarbeit!
Tim Dedopulos

Inspector „Paddington"
Parnacki

Falle

1. DAS SCHMUCKGESCHÄFT

Auf dem abblätterndem Schild über dem Schmuckgeschäft stand „Baldwin & Sons" und wenn man ihm Glauben schenken konnte, bestand der Laden bereits seit über dreißig Jahren. Das Schaufenster sah in Ordnung aus, wenn auch leer, doch hing die offene Tür in einem seltsamen Winkel in den Angeln. Davor wartete ein gelangweilter Polizeibeamter. Als Inspektor Parnacki eintraf, stand dieser stramm und salutierte.

„Guten Morgen, Sir", sagte er.

Parnacki nickte höflich. „Ist irgendjemand in den Laden gegangen oder herauskommen?"

„Nicht seitdem ich hier bin, Sir."
„Gute Arbeit."
Im Inneren des Geschäfts sah es schon eher nach einem Raubüberfall aus. Schränke wurden gewaltsam geöffnet, leere Schmuckauslagen verteilten sich auf dem Boden und dem Glastresen. Falls es noch ein einziges wertvolles Schmuckstück in dem Geschäft gab, lag es irgendwo gut versteckt. Inmitten dieses Chaos stand ein großer, unglücklich aussehender Mann. Er war gut gekleidet, jedoch sichtlich aufgewühlt und hatte an der Schläfe einen bösen Bluterguss. Parnacki schritt direkt auf ihn zu.
„Mr. Henry Baldwin?", fragte der Inspektor.
Der Mann nickte.
„Ich bin Inspektor Parnacki."
„Paddington Parnacki?", fragte Baldwin überrascht.
„So werde ich in den Zeitungen genannt", seufzte der Inspektor.
„Entschuldigung, Inspektor. Ihr Ruf eilt Ihnen voraus."
„Kein Problem. Können Sie mir bitte in Ihren eigenen Worten erzählen, was passiert ist?"
Baldwin nickte. „Ich schloss das Geschäft gestern Abend. Manchmal hilft mir einer meiner Angestellten dabei, aber gestern konnten es die beiden kaum abwarten, pünktlich Feierabend zu machen. Sie heißen Alec Cardue und Scott Benedict. Ich habe ihre Adressen."
„Erzählen Sie mir bitte zuerst, was gestern Abend passiert ist", sagte Parnacki.
„Entschuldigung, ich bin immer noch etwas durcheinander. Ich hatte gerade alle Vitrinen mit dem wertvollen Schmuck abgeschlossen –", er zeigte auf die aufgebrochenen Schränke, „die Lichter ausgeschaltet und die Tür geöffnet, um das Gitter vor dem Geschäft herunterzulassen. Da stürzte eine dunkel gekleidete Person mit einem großen Hut durch die Tür direkt auf mich zu. Ich taumelte zurück und dann schlug er mich mit einer Art

1. DAS SCHMUCKGESCHÄFT

Knüppel auf den Schädel. Ich konnte ihn nicht richtig erkennen, denn es war schon dunkel. Jedenfalls fiel ich hin und schlug mit dem Hinterkopf auf den Boden.
Ich war ziemlich benebelt, doch habe ich von den Geräuschen so vage mitbekommen, dass die Schränke aufgebrochen wurden. Erst später realisierte ich, dass er auch die Schmuckauslagen nahm und den Inhalt in einen seidenen Sack kippte. Alles schien so surreal. Ich muss wohl irgendwann ohnmächtig geworden sein. Als ich wieder zu mir kam, war es bereits hell. Ich erinnerte mich an den Überfall, entdeckte, dass alles ausgeräumt war, und rief die Polizei an. Das war vor eineinhalb Stunden."

Parnacki nickte. „Sie erwähnten Ihre Angestellten?"

„Es muss einer von ihnen gewesen sein, wissen Sie? Ich habe vor drei Tagen neue Ware bekommen, nun ja, und da muss man schon die genauen Abläufe kennen, um den richtigen Zeitpunkt für so einen Einbruch zu wählen. So etwas kann ich mir von keinem der beiden vorstellen, aber sie haben beide die richtige Statur. Außerdem hat Alec eine neue Freundin und Scott spielt gerne Karten."

„Machen Sie sich keine Gedanken, Mr. Baldwin. Ich weiß schon, wer der Täter ist."

„Das wissen Sie schon?"

Parnacki nickte stumm.

Wer ist der Dieb? Woher weiß Parnacki das?

Tipp:

ZEUGENAUSSAGE

2. DER TOTE IM STUDIERZIMMER

Als Generaloberst Herbert eines Morgens tot mit einem Messer im Nacken in seinem Arbeitszimmer aufgefunden wurde, fiel der Verdacht schnell auf das Hauspersonal. Es gab keine Anzeichen für einen Einbruch und keine öffentliche Entgleisung seitens des Obersts, mit der er sich Feinde gemacht hätte. Als die Polizei genauere Untersuchungen anstellte, wandte sich die Schwester des Oberst, Vivienne, an ihre Freundin Mary Miller, die ein fast obsessives Interesse an mysteriösen Geschichten zeigte, und das Schlussfolgern zu ihrem Hobby gemacht

hatte. „Die Sache ist die, meine Liebe, die Polizei hat vollkommen recht damit, das Hauspersonal zu verdächtigen. William war eine Säule der Gemeinschaft, doch privat war er ein ausgesprochenes Biest. Wir fürchteten uns alle vor ihm, denn er wurde wegen jeder Kleinigkeit fuchsteufelswild. Er verjagte alle meine Verehrer, auch einen oder zwei, die ich sehr mochte. Wenn der Schuldige nicht gefunden wird, befürchte ich, dass ich meinen Lebensabend im Gefängnis verbringen werde."

Also einigte man sich darauf, dass Miss Miller mit dem gesamten Hauspersonal in Vieraugengesprächen über den tödlichen Abend sprach.

„Wir werden mit dir anfangen müssen, Vivienne", sagte Mary.
„Mit mir?", fragte Vivienne schockiert.
„Mit wem sonst?"
„Natürlich", seufzte sie.
„Wunderbar. Bitte setz dich. Tee? Nein? Sehr gut. Also, was wissen wir bisher?"

„Nun, das meiste weißt du bereits. Am Montagabend erledigte mein Bruder den Papierkram in seinem Arbeitszimmer. Ich ließ ihn damit allein und ging gegen zehn Uhr zu Bett. Sophie, das Dienstmädchen, ging am nächsten Morgen um kurz nach sieben ins Arbeitszimmer, um dort zu putzen. Da entdeckte sie die Leiche. Mit ihren Schreien weckte sie das ganze Haus auf. Die Polizei sagt, dass er vor Mitternacht gestorben sein muss."

Als nächstes war das Dienstmädchen Sophie an der Reihe. „Es war schrecklich, Ma'am. Als ich kurz vor dreiundzwanzig Uhr hochging, war der Generaloberst noch in seinem Arbeitszimmer. Ich sah das Licht unter der Tür hindurch. Miss Herbert schlief schon, denn ich konnte sie hören, weil mein Zimmer unter ihrem liegt. Am nächsten Morgen stand ich zu meiner gewohnten Zeit, um halb sechs, auf, zündete die Öfen an, putzte den Küchenboden und fing meine übliche Runde an. Ich öffnete die Tür zum

2. DER TOTE IM STUDIERZIMMER

Arbeitszimmer, und da war er, mausetot. Ich schlug die Tür wieder zu und schrie mir die Seele aus dem Leib. Ich brachte es nicht über mich das Zimmer zu betreten. Mr. Hunt kam als erstes angelaufen."

Mr. Hunt war der Familienbutler. „Ich kam an dem Abend von Cook um einundzwanzig Uhr fünfundvierzig nach Hause. Kurz danach ging Miss Herbert ins Bett und etwas später dann auch das Dienstmädchen. Nachdem sie außer Dienst gegangen war, legte ich mich schlafen. Vorher schaute ich noch einmal bei dem Oberst hinein, um zu fragen, ob er noch einen Wunsch hatte. Am nächsten Morgen beim Frühstück hörte ich die Schreie. Ich fand das Dienstmädchen sichtlich erschüttert vor dem Arbeitszimmer. Kurz nach mir kam Cook und beruhigte das Mädchen, während ich die Tür öffnete, um zu sehen, was los war. Sobald ich das Licht anschaltete, wusste ich, warum sie so aufgewühlt war. Generaloberst Herbert war eindeutig tot, nachdem er so viel Blut vergossen hatte. Der Teppich ist komplett ruiniert, muss ich leider sagen."

Die Köchin, Mrs. Palletier, schien von dem Ereignis unbeeindruckt. „Ich möchte nicht schlecht über den Toten reden, aber eine Welt ohne diesen Mann ist sicherer für alle Frauen, das sag ich Ihnen. Als ich Sophies Schreie hörte, begab ich mich zum Arbeitszimmer des Oberst. Mr. Hunt schaltete das Licht an und schnappte hörbar nach Luft. Der alte Mann war tot wie ein Türrahmen. Ich persönlich glaube, der Gärtner hat ihn umgelegt."

Der Gärtner, Lou Dotson, reagierte barsch auf die ganze Sache. „Am Montag war ich zuhause bei meiner Frau. Als ich am Dienstag herkam, war der Geizhals schon tot. Ich muss zurück zu den Rosen."

Nachdem sie alle befragt hatte, rief Mary Vivienne wieder herein. Sie umarmte ihre Freundin und sagte: „Gute Neuigkeiten. Ich weiß, wer ihn ermordet hat."

Wer ist der Mörder und woher weiß Miss Miller das?

TIPP:
LICHT.

3. DIE GESTOHLENE STATUETTE

Anthony Long sah deutlich verstimmt aus. Er war ungewöhnlich blass, hatte tiefe Ringe unter den Augen und sein für gewöhnlich flotter Gang war einem verdrießlichen Trotten gewichen. Als Oliver ihn sah, entschied er sich spontan den Plan zu ändern und lieber ein Café vorzuschlagen, anstatt des Spiels, für das er Tickets hatte.

„Du siehst schrecklich aus", begrüßte Oliver ihn.

Anthony nickte, „Zwei Stunden Schlaf. Vielleicht weniger."

„Kaffee?"

„Du bist mein Retter."

Zehn Minuten später saßen die Männer an einem Tisch in einer ruhigen Ecke eines Cafés. Sobald die Kellnerin außer Hörweite war, lehnte sich Anthony vor. „Ich stecke etwas in der Zwickmühle", gestand er leise.

„Ich bräuchte deinen Rat, Olly."

„Du weißt, dass ich mein Bestes gebe, um dir zu helfen."

„Danke. Gestern ist jemand ins Haus eingebrochen."

„Das tut mir leid", sagte Oliver. „Hat derjenige etwas Wertvolles mitgenommen?"

Anthony nickte niedergeschlagen. „Nun ja. Der Dieb hat ein Fenster im Esszimmer eingeschlagen und sich mit einer durchaus

kostbaren goldenen Statuette, die im Flur stand, aus dem Staub gemacht. Aber das ist nicht das Problem. Ich war gestern bei einem Treffen in der Stadt. Mrs. Chambers, meine Haushälterin, hatte den Nachmittag frei. Mein Bruder Bill – er ist seit ein paar Tagen zu Besuch – war zuhause, aber er behauptet, er habe nichts gehört." Anthonys besondere Wortwahl machte Oliver stutzig „Er behauptet?"

„Er ist noch wilder als früher als Olly. Ich habe den Eindruck, dass er nur hier ist, weil er Schulden bei jemandem hat. Warum sollte ein Dieb es gerade auf die Statuette abgesehen haben, und andere wertvolle Stücke im Esszimmer einfach ignorieren?

Bill meint, dass vielleicht der neue Bursche des Gärtners etwas gesehen hat. Vielleicht hat er Recht. Aber ich werde die Sorge nicht los, dass er sie selbst genommen hat. Und wenn ja, dann möchte ich auf keinen Fall die Polizei einschalten. Bill ist ein verdammter Dummkopf, aber er ist mein Bruder. Doch wenn er es nicht war, riskiere ich erneute Einbrüche und kann keinen Schadensersatz fordern."

3. DIE GESTOHLENE STATUETTE

„Das verstehe ich vollkommen", sagte Oliver nickend. „Warum zeigst du mir nicht den Tatort?"

Kurz darauf standen die Männer auf der Hinterseite des Hauses. Das zerbrochene Fenster war ein klaffendes Loch. Einige Blumen im Blumenbeet darunter wurden sichtlich platt getrampelt. In der Erde waren mehrere große, tiefe Schuhabdrücke, darin Glas und Sträucher eingedrückt, deren Sohle stark an Arbeitsstiefel erinnerte. Auf dem Rasen gab es keine Abdrücke.

„Größe 44 würde ich sagen", meinte Oliver.

Anthony nickte. „Ja, bevor du fragst, Bill hat Größe 41."

„Gut, gut. Wie sieht es drinnen aus?"

Sie gingen ins Haus und Anthony führte Oliver ins Esszimmer. „Der Dieb hat ein Loch ins Fenster gemacht und ist dann eingestiegen", erklärte Anthony. „Ich habe den Raum nicht mehr betreten, für den Fall, dass die Polizei ihn sehen will. Auf der äußeren Fensterbank des zerbrochenen Fensters ist immer noch etwas Dreck."

Oliver kniete sich unterhalb des Fensters hin und fuhr langsam mit der Hand über den Teppich. „Hier könnte auch etwas Dreck liegen." Er kam wieder hoch und legte freundlich die Hand auf Anthonys Schulter. „Lass gut sein, Tony. Ich fürchte, es war eindeutig dein Bruder."

Woher weiß Oliver das?

Tipp: FENSTER

4. ABENDESSEN MIT FREUNDEN

Kal Knox starb am Freitagabend. Laut Zeugen, die den Schuss hörten, wurde er um kurz nach zehn Uhr ermordet. Inspektor Parnacki war nicht besonders überrascht, als er davon erfuhr. Der gemeine Berufsverbrecher Knox war gewalttätig und obwohl er nie wegen Mordes angeklagt werden konnte, stand fest, dass er nicht alt werden würde.

So wie es aussah, war Knox auf dem Weg zu einem Treffen. In seiner Brusttasche fand man eine Notiz und obwohl diese durchschossen wurde und von Blut durchtränkt war, konnte man die notierte Uhrzeit, 22:15 Uhr, immer noch erkennen. Die Kugel, die man in ihm fand, war eine 38er und passte zu dem Revolver, den die Polizei in einem großen Müllcontainer in der Nähe fand. Sie wurde abgewischt, aber die Mitarbeiter vom Labor versuchten dennoch Spuren darauf zu sichern. In der Zwischenzeit wurden drei Verdächtige zur Befragung vorgeladen und warteten in separaten Verhörzimmern auf Parnacki.

Lorenzo Holbrook war ein örtlicher Restaurantbetreiber mit nicht nachweisbaren Verbindungen zur Mafia. Er war Mitte fünfzig, mittelgroß und von gedrungener Statur. Seine berechnenden Augen konnte auch sein buschiges Haar nicht verdecken.

Parnacki stellte sich vor und knallte Holbrook ein Foto des Opfers hin. „Kennen Sie diesen Mann?"

Holbrook nickte. „Ja, Knox, oder? Er kommt manchmal ins Olive Grove. Lausiger Trinkgeldgeber."

„Fällt Ihnen jemand ein, der Mr. Knox etwas antun wollte?"

4. ABENDESSEN MIT FREUNDEN

„Nö. Kann allerdings auch nicht sagen, wer ihm was Gutes wünschen würde."

„Er wurde gestern Abend ermordet."

Holbrook zuckte die Achseln. „Wirklich? Tragisch."

„Was haben Sie gestern Abend gegen 22 Uhr gemacht?"

„Abgewaschen", sagte Holbrook. „Was noch? Ich hab' drei Mitarbeiter, die Ihnen das bezeugen. Aber ich hab' jemanden in die Gasse hinterm Restaurant laufen sehen. Der Typ sah aus wie 'n Frettchen mit Hut. Es war dunkel. Das ist alles, Inspektor."

Tony Black war ein Taxifahrer, der vor Jahren schon einmal kurz wegen bewaffneten Raubüberfalls im Gefängnis saß. „Ich habe auf einen Fahrgast gewartet, der nicht gekommen ist", erklärte er. „Die Taxizentrale kann Ihnen das bestätigen. Ich hab' den Kerl gesehen. Muss er gewesen sein. Er hing da so rum, dann guckte er auf die Uhr und ging in die Gasse. Genau gegenüber von wo ich stand. Kurz danach lief ihm ein großer Mann in einem langen Mantel hinterher. Ich erinnere mich daran, weil der so glatzköpfig wie ein Ei war. Es machte ‚plopp' und Ihr Opfer da brach zusammen. Armer Kerl, er konnte sich nicht mal mehr umdrehen. Dann rannte der Glatzkopf an ihm vorbei die Gasse hinunter. Ich wollte hin und gucken, ob ich helfen konnte, wirklich, aber ich hatte Schiss, dass der Glatzkopf nochmal zurückkommt, um sicherzugehen. Wenn ich eine Sache vom Taxifahren gelernt habe, dann dass ich mich in sowas nicht einmische. Nicht in dieser Stadt."

Der letzte Zeuge, Jesse Hamby, arbeitete in einer Kneipe. Er war groß, muskulös, kurzhaarig und versuchte erst gar nicht seinen Unmut darüber, dass er vorgeladen wurde, zu verbergen. Als Parnacki ihm das Foto zeigte, schüttelte er wortlos den Kopf.

LEVEL 1

„Sind Sie sicher?", fragte Parnacki.

„Sicher? Scheiße, nein", fauchte er. „Ich sehe in der Kneipe vierhundert verschiedene Typen die Woche."

„Was haben Sie gestern Abend gegen 22 Uhr gemacht?"

„Bin nach Hause gegangen."

„Haben Sie etwas Ungewöhnliches gesehen oder gehört?"

„Sie meinen außer dem bulligen alten Mann, der mich fast überrannt hat, und dem scheinbar toten Mann, der zusammengekauert in der Gasse lag? Nö."

Parnacki seufzte. „Was können Sie mir über den Toten erzählen?"

Hamby tippte auf das Foto. „Ihr habt doch sein Foto."

„Danke Mr. Hamby. Ich bin gleich zurück."

Inspektor Parnacki stand auf und verließ den Raum.

Draußen wandte er sich an den Beamten, der vor den Verhörzimmern Wache hielt.

„Passen Sie auf, dass niemand abhaut. Ich muss einen Haftbefehl beantragen."

Wer ist der Mörder und wie hat Parnacki ihn entlarvt?

Tipp:
WUNDE

5. DAS BÜRO

„Ich kann nicht glauben, dass der arme Victor tot ist. Ich habe noch vor weniger als zwei Stunden Kaffee mit ihm getrunken." Dr. Rigg schien deutlich erschüttert. „Ihm und mir gehört das Gebäude hier, zusammen mit Owen Price im zweiten Stock."

Inspektor Parnacki nickte. „Verstehe. Und Mr. Floyd war ein Geheimdetektiv?"

„Ja, meine Praxis ist im ersten Stock, Owens Anwaltsbüro im zweiten und Victors oben im dritten Stock. Die Hypothekenraten teilen wir drei uns. Er schien nie Probleme zu haben seinen Anteil zu zahlen."

„Hatte denn jemand Probleme damit?", fragte Parnacki.

„Nun, Owen hat es im Moment nicht so leicht, ich weiß, dass er will, dass wir das Gebäude verkaufen, damit er sich ein günstigeres Büro mieten kann. Aber Victor und ich haben ihm angeboten, dass er ein paar Monate lang weniger bezahlt, bis es wieder besser bei ihm läuft. Keine Ahnung, wie es jetzt weitergeht. Wie ist er gestorben, wenn ich fragen darf?"

„Die Untersuchungen laufen noch", sagte Parnacki.

Die Empfangsdame des Opfers, Megan Kane, wusste genau, was passiert war. „Es war Gift", erzählte sie unter Tränen. „Er und Dr. Rigg hatten gerade ihren morgendlichen Kaffee ausgetrunken. Vic ging in sein Büro und tätigte einen Anruf. Er konnte nur noch ‚Guten Morgen' sagen, bevor er nach Luft schnappte und fürchterlich zu keuchen anfing. Wankend kam er auf mich zu. Er sah schrecklich aus. Dann fiel auf alle Viere, kroch auf dem Boden weiter und … und … starb." Wieder brach sie in Tränen aus. Inspektor Parnacki reichte ihr ein Taschentuch und ließ sie sich erst einmal beruhigen. Als es ihr etwas besser ging, lächelte er sie aufmunternd an. „Was ist dann passiert?"

„Ich schrie", erklärte Megan. „Dann lief ich herunter zu Dr. Rigg. Er war nicht da, doch seine Assistentin Suzanna rief die Polizei und blieb bei mir, bis Sie kamen. Es … es muss Dr. Rigg gewesen sein! Sie hatten gerade erst Kaffee zusammen getrunken. Aber warum würde er Vic töten? Er ist immer so nett." Sie fing wieder an zu weinen.

„Vielleicht", sagte Parnacki freundlich. „Und wo war Mr. Price währenddessen?"

„Oh", schniefte sie, „Mr. Price ist früh gekommen und ich konnte hören, dass er und Vic eine Auseinandersetzung hatten. Doch dann ist er wieder gegangen, weil er zu verschiedenen Geschäftstreffen in der Stadt musste, also war er mehrere Stunden weg. Sonst war heute niemand hier."

5. DAS BÜRO

"Danke, Miss Kane. Sie haben mir sehr geholfen." Parnacki entfernte sich von der Empfangsdame und ging in das Büro des Privatdetektivs. Mitten im Raum stand ein unaufgeräumter Schreibtisch, auf dem sich ein leerer Kaffeebecher, Papierblätter, Aktenordner, eine Wasserkaraffe mit Gläsern, ein Telefon auf seiner Halterung, ein Tintenfass, Stifte und Löschpapier befanden. Dahinter stand ein bequemer Stuhl und davor zwei einfachere Stühle für Besucher. Entlang der einen Wand standen Aktenschränke, an der anderen Bücherregale. Inmitten des Durcheinanders auf dem Schreibtisch, lag, für jeden sichtbar, der Hypothekenvertrag.

Vorsichtig schnüffelte der Inspektor an dem Becher und nahm einen schwachen, bitteren Mandelgeruch wahr. Definitiv Gift.

Er ging zurück in den Empfangsbereich, wo er sich wieder neben Megan setzte. "Ich weiß jetzt genug, um den Mörder vor Gericht zu bringen", sagte er zu ihr.

Wer ist es und woher weiß Parnacki es?

TIPP:
SCHREIBTISCH

6. MORD BEI MATTINGLEY

Miss Miller, treues Mitglied des Ornithologenverbands, freute sich sehr über die Einladung, das Mattingley Revier zu besuchen, auf dessen weitläufigem Gelände sich ein Marschgebiet befand, in dem seltene Vogelarten lebten. Es war allgemein bekannt, dass der Besitzer Kyler Mattingley ein Einsiedler war, doch war die Ornithologie seine Leidenschaft, und so hatte er zugestimmt, dass vier Verbandsmitglieder über das Wochenende bleiben durften. Die Gäste kannten sich durch das Austauschen in der Verbandszeitung *Gezwitscher*. Allerdings hatten sie sich anlässlich der Fahrt zum Revier das erste Mal getroffen. Sie bildeten eine lustige kleine Gesellschaft. Miss Wilson war die jüngste des Quartetts. Sie war modern gekleidet, hatte ein besonderes Interesse an Finken und begeisterte sich für die Fotografie. Austin Ball war charmant und elegant gekleidet in einem cremefarbenen Jackett, einer dunklen Hose, schwarzen Stiefeln und einem seidenen Halstuch. Clayton Hendricks war ein Outdoor-Typ von kräftiger Statur mit einem langen Bart. Ihre Gespräche drehten sich hauptsächlich um Kyler Mattingley.

„Ich habe gehört, dass Mr. Mattingley ein tadellos gütiger Gastgeber sei", erzählte Miss Miller.

6. MORD BEI MATTINGLEY

„Zurückhaltend", erwiderte Hendricks. Miss Wilson lächelte. „Wir können uns glücklich schätzen", sagte sie. „Das können wir", antwortete Hendricks. „Wir sollten nur dafür Sorge tragen, dass der gute Mr. Mattingley keinen Grund hat, mit unserer Anwesenheit unzufrieden zu sein", stellte Ball fest. „So ergibt sich vielleicht auch bald schon die Chance auf einen Besuch für andere Verbandsmitglieder." Miss Miller nickte. „Durchaus. Ich nehme an, wir haben alle an unsere Geschenke gedacht?"

„Natürlich", bestätigte Hendricks. „Ich habe ihm ein Buch über Tauben mitgebracht, die Illustrationen sind bezaubernd."

„Das klingt entzückend, Mr. Hendricks", sagte Miss Wilson. „Ich werde Mr. Mattingley fragen, ob ich es mir ansehen darf."

Als sie ankamen, wurden sie von Gustav empfangen, Mr. Mattingleys Hausdiener, der sie zu ihren Zimmern führte. Miss Millers Schlafzimmer war reizend. Das komfortable Bett und die geschmackvolle Einrichtung wurden von mehreren hübschen Vogelkunstwerken abgerundet. In dem Zimmer befanden sich einige Zeichnungen, ein Spiegel mit Silberrahmen, in dem Eulen eingraviert waren, ein aus Jade geschnitzter Reiher im Flug und eine

Holzbuchstütze in Form eines Spechts. Doch am meisten beeindruckte sie ein bemerkenswertes Ölgemälde von Paradiesvögeln.

Nachdem sie sich frischgemacht hatten, versammelten sich die Gäste mit ihren Geschenken unterm Arm unten, wo sie von Kyler Mattingley begrüßt wurden. „Willkommen, meine Freunde", empfing er sie lächelnd. „Ich sehe so selten andere Leute, aber ich habe das Gefühl, Sie alle bereits zu kennen. Was würden wir ohne Ihre großartigen Studien machen, Miss Wilson, oder, Mr. Ball, Ihre urkomischen Anekdoten?" Nach den Cocktails ging die Gesellschaft ins Esszimmer, wo ein beeindruckendes Essen serviert wurde. Anschließend öffnete er mit sichtlicher Freude die Geschenke. Miss Miller hatte zwölf handgeschnitzte Pfeifen in Form von wenig bekannten Waldvögeln in einer Lackdose mitgebracht. Wenn man in eine hinein pfiff, ertönte das Trillern des jeweiligen Vogels, den sie darstellte. Hendricks überreichte Mr. Mattingley das Taubenbuch, dessen einzelne Illustrationen künstlerisch und biologisch gesehen ein Meisterwerk waren. Ball schenkte einen sehr eleganten Jade-Phönix im Moment seiner

6. MORD BEI MATTINGLEY

feurigen Wiedergeburt, geschickt in Seide eingepackt. Und Miss Wilson hatte Fotoaufnahmen, eingebunden in rotem Leder, die die Veränderungen im Laufe eines Jahres im Park in der Nähe ihres Zuhauses, abbildeten, mitgebracht. Schließlich gingen sie alle früh zu Bett, um bei Morgendämmerung wieder aufzustehen. Miss Miller war gerade eingeschlafen, als sie von einem lauten Klopfen geweckt wurde und Gustav hereinkam. „Ah, zumindest Sie sind in Ihrem Zimmer. Bitte entschuldigen Sie die Störung Madam, aber Mr. Mattingley wurde ermordet. Ihre Begleiter sind nicht in ihren Zimmern."

„Ich komme sofort herunter", sagte Miss Miller.

Als sie angezogen unten ankam, hatten sich die anderen Verbandsmitglieder bereits versammelt. „Die sagen Kyler Mattingley ist tot!", rief Miss Wilson.

„Das habe ich gehört", sagte Miss Miller. „Was für eine schreckliche Sache. Ich war im Bett."

Miss Wilson hielt inne. „Ich war im Esszimmer. Ich wollte mir Mr. Hendricks Buch angucken."

„Ich war im Salon, wo ich meine Zigarre rauchte", offenbarte Mr. Ball. „Das ist eine alte Angewohnheit von mir."

Hendricks zuckte mit den Schultern. „Nun, ich war in der Küche. Ich brauchte Milch, um meine Medizin einzunehmen."
Miss Miller winkte dem Hausdiener zu. „Kann ich kurz mit Ihnen sprechen Gustav?" Er nickte und sie schritt zu ihm. „Ich fürchte, ich weiß, wer der Mörder ist."

Wer ist der Täter und woher weiß Miss Miller das?

TIPP:
GESCHENKE

7. DER LOGIKER

Inspektor Parnacki las gerade seine morgendliche Zeitung als der Anruf kam. Eine Stunde später stand er vor der Tür eines gewissen Harold Rivera, ein Mathematiker, der für eine große Firma in der Stadt arbeitete. Der zuständige Kommissar öffnete ihm die Tür. „Gut, dass Sie da sind, Inspektor", begrüßte ihn der Mann. „Mein Name ist Burrell. Ich habe mit der Putzfrau des Opfers gesprochen und einige Befragungen durchgeführt, aber ich komme nicht weiter."

„Was können Sie mir über das Opfer sagen, Herr Kommissar?"

„Harold Rivera, 48, lebte allein. Keine Frau, Kinder oder nahe Verwandte. Mathematiker bei Longmuir & Sons,

Wirtschaftsprüfer. Es scheint, dass er seine Freizeit ganz dem Schachspielen widmete. Er hatte mehrere, regelmäßige Schachpartner und ansonsten kaum soziale Kontakte. Die Leiche wurde im Wohnzimmer gefunden. Er wurde durch einen Kopfschuss vor etwa zwölf bis vierundzwanzig Stunden getötet."

„Ich sehe mir das einmal an", sagte Parnacki.

„Natürlich." Burrel führte ihn durch den Flur in ein sittsames Wohnzimmer. Neben einem kleinen Sofatisch stand mitten im Raum ein Tisch mit einem großen Schachbrett aus teurem Porzellan. An beiden Seiten des Tisches standen zwei kleinere Tische mit jeweils einem Schachbrett darauf. Die Figuren auf allen drei Brettern befanden sich mitten im Spiel, wobei sich die weißen auf dem großen Tisch in einer besonders starken Position befanden, in der drei Leichtfiguren nebeneinander standen – die beiden weißen Läufer und in deren Mitte ein weißer Springer. Auf dem Boden vor dem Schachbrett sowie auf dem Holzstuhl, der umgekippt war, waren Blutflecken.

„Lebte er allein?", fragte Parnacki.

„Ja, eine Putzfrau kommt täglich für zwei Stunden, in der Regel morgens. Sie hat ihn gefunden. Angeblich befanden sich die Figuren auf den Brettern auf den beiden kleinen Tischen immer mitten im Spiel und sie hatte die strikte Anweisung, sie nicht anzufassen. Er hatte ihr erzählt, er benutze sie für Brief-Partien. Das große Schachbrett war für persönliche Turniere."

„Ich verstehe", erwiderte Parnacki. „Haben wir irgendeinen Hinweis, warum jemand einen Schach-Fanatiker töten wollte?"

„Laut der Putzfrau konnte er manchmal sehr unhöflich sein. Aus Versehen. Er war kein schlechter Mensch, nur ließen seine sozialen Umgangsformen zu wünschen übrig. So wie ich das sehe, rastete einer seiner Schachfreunde schließlich aus und tötete ihn."

„Nun, das würde die Partie erklären."

7. DER LOGIKER

Burrell nickte. „Wir haben eine Notiz auf dem Couchtisch gefunden. Drei Namen. Die Putzfrau bestätigte, dass es sich um die Handschrift des Opfers handelt und sagte, dass er sich oft notierte, wen er am Tag erwartete. Um sich vorzubereiten, sagte sie. Leider in alphabetischer Reihenfolge."

„Natürlich", bestätigte Parnacki. „Wie sonst würde ein Logiker Namen ordnen?"

„Zwei von ihnen sind regelmäßige Schachpartner", erklärte Burrell. „Der dritte ist, wie sich heraus gestellt hat, ein Arbeitskollege. Thomas Creech ist genau wie Rivera ein Einzelgänger, achtunddreißig. Ein Anwaltsgehilfe. Ich habe mit ihm gesprochen – er meinte, er wollte am Nachmittag herkommen, hat jedoch eine Erkältung gekriegt und abgesagt.

Matthew Norton ist Kalkulator, zweiundvierzig. Er ist der andere Schachkerl. Er sagte, er wollte abends vorbeikommen, doch hatte er über Bären gelesen und darüber die Zeit vergessen, sodass er es schließlich zu spät für einen Besuch fand. Der Kollege heißt Brendon Cotton. Sie arbeiten in der gleichen Abteilung. Er sagte, er kam nach dem Mittagessen vorbei, um ein problematisches Kundenkonto zu besprechen. Das tat er gelegentlich. Er erinnerte sich daran, dass das Schachbrett leer war."

LEVEL 1

„Ausgezeichnete Arbeit, Herr Kommissar", erklärte Parnacki. „Sie haben den Mord gelöst."

„Gelöst?" Burrell klang äußerst skeptisch. „Ich dachte, ich hätte gerade erst angefangen."

Parnacki nickte. „Ich kann Ihnen direkt sagen, wer der Mörder ist."

Wer hat Rivera getötet und woher weiß Parnacki das?

SCHACHBRETT
Tipp:

8. DER MAULWURF

"Anthony Long erzählte mir, dass Sie ihm aus der Klemme geholfen hätten. Kann ich auf Ihre Diskretion zählen, Oliver?" Peter Smithon, ein schlanker Mann mit Brille und vorzeitig schütterem Haar, war ein Freund von Anthony. Oliver hatte ihn vorher ein- oder zweimal gesehen und fand ihn ganz nett. „Natürlich", bestätigte Oliver. „Danke", erwiderte Peter,

nahm seine Hand und schüttelte sie kräftig. „Nicht der Rede wert", antwortete Oliver und befreite sich sachte aus dem Griff. „Wie kann ich helfen?"

„Jemand hat viel Geld und die Hauptbücher aus meinem Bürosafe gestohlen. Hat nichts anderes angerührt. Ich hatte Glück, denn wir haben die ganze Beute wiedergefunden. Sie wurde draußen unter einer Zeltplane versteckt. Abby, die unten bei Wilson's arbeitet, hat noch spät gearbeitet und gesehen, wie das Bündel versteckt wurde. Sie wurde skeptisch, ging nachsehen und wusste sofort, um was es sich handelte. Ohne ihr Eingreifen wäre ich ruiniert gewesen. Doch ihre Beschreibung lautet nur ‚ein großer Mann'."

„Das klingt nach einer knappen Flucht", sagte Oliver.

„Die Sache ist, dass nur meine Angestellten Zugang zum Safe haben. Es muss trauriger Weise einer von ihnen gewesen sein. Ich hoffe, dass wir das ohne großes Aufsehen regeln können. Die Situation ist auch ohne Skandal gerade schwierig genug."

Oliver nickte. „Ich verstehe und werde versuchen, was ich kann. Erzählen Sie mir von Ihren Angestellten."

„Ich habe drei, Simon, Abel und Emmett, alle ungefähr gleich groß. Ich weiß, das ist ein mieser Zeitvertreib für einen Samstag, aber vielleicht möchten Sie persönlich mit ihnen sprechen? Ich habe sie gebeten zuhause zu bleiben."

Neunzig Minuten später also wurde Oliver Simon Thurston vorgestellt, einem jungen, großen Mann, der ein Zimmer in einer gewöhnlichen Pension bewohnte. „Danke, dass wir vorbeikommen dürfen", sagte Peter. „Das ist Oliver James, ein Freund von mir. Gestern Abend kurz nach Feierabend gab es einen Diebstahl

8. DER MAULWURF

im Büro. Ich wollte wissen, ob Sie irgendetwas Ungewöhnliches gesehen haben?"
Simon ließ den Kopf hängen. „Es tut mir leid, Mr. Smithson. Ich bin gestern Abend etwas früher gegangen, weil ich mich nicht so gut fühlte. Alles war in Ordnung, als ich ging."
„Kann die Vermieterin Ihre Anwesenheit bestätigen?", fragte Oliver. Simon kniff die Augen zusammen. „Ich ... nun, vielleicht. Sie achtet nicht so sehr auf uns."
„Ich verstehe", erklärte Oliver. „Das ist erst einmal alles. Danke für Ihre Zeit."
Abel Pena lebte in einem geschäftigen Wohnungsblock. Er war älter als Simon Thurston und seine Wohnung sah etwas heruntergekommen aus. Peter wiederholte die Vorstellung und Abel beäugte die beiden Männer nachdenklich.
„Ich bin pünktlich gegangen und habe abgeschlossen. In den anderen Büros arbeiteten noch eine Menge Leute. Draußen vor dem Gebäude war niemand und ich habe nichts Ungewöhnliches

gesehen. Ich ging durch den Park nach Hause und verbrachte einen ruhigen Abend."

Oliver nickte. „Haben Sie gesehen, ob das Wilson's-Büro noch geöffnet war, als Sie gingen?"

„Ja, ich habe durch die Fenster noch ein paar Leute an den Schreibtischen gesehen." Abel hielt inne. „Verdächtigen Sie jemanden von uns?"

Peter wollte das gerade verleugnen, doch Oliver stoppte ihn. „Das ist möglich", stellte er fest.

Abel nickte. „Nun, ich sollte wahrscheinlich erwähnen, dass Thurston, immer wenn Sie nicht im Büro sind, Mr. Smithson, heimlich früher Schluss macht. Es schien harmlos, aber unter den gegebenen Umständen ..."

Peter versteifte sich und Oliver berührte ihm am Arm. „Danke", brachte Peter hervor, „ich schätze Ihre Ehrlichkeit."

„Wir haben später vielleicht noch weitere Fragen", kündigte Oliver an, „danke für Ihre Zeit."

Emmett Sterling lebte in einem hübschen, kleinen Stadthaus zusammen mit seiner Frau Charlotte. Sie baten Peter und Oliver ins Wohnzimmer, wo Peter Oliver erneut vorstellte. Emmett dachte kurz nach. „Ich bin etwas zeitiger gegangen, um Kleidung aus der Reinigung zu holen. Ich kam zur gewohnten Zeit nach Hause und war den ganzen Abend hier." Charlotte nickte bestätigend. Emmett tippte sich ans Kinn. „Haben Sie mit Thurston gesprochen? Er ist ein kleines, gewitztes Wiesel, schleicht sich immer hinaus und ist sehr knapp bei Kasse. Falls irgendjemand von uns Ihren Safe ausrauben würde, dann er."

„Wissen Sie, warum er knapp bei Kasse ist?", fragte Oliver.

„Ich vermute, er spielt", verriet Emmett. „Wahrscheinlich versucht er verzweifelt einem zwielichtigen Geldverleiher sein Geld zurückzubezahlen."

„Ich verstehe", erwiderte Oliver. „Und Abel?"

8. DER MAULWURF

"Er ist eher der ruhige Typ. Ihm traue ich so etwas nicht zu."

"Danke", sagte Oliver, "wir haben später vielleicht noch ein paar Fragen."

Sobald sie draußen waren, wandte sich Oliver an Peter: "Sicher, dass Sie nicht die Polizei rufen wollen? Ich weiß, wer der Dieb ist."

Wer ist der Dieb und woher weiß Oliver das?

Tipp: SAFE

9. EIN UNERWARTETER TOD

Alle waren schockiert, nachdem David Spencer Selbstmord begangen hatte, doch niemand so sehr wie seine Schwester Claire.

„Ich verstehe das nicht, Mary." Claire konnte sich nur so gerade zusammenreißen. Miss Miller tätschelte Claires Hand.

„Es ist sehr seltsam", beruhigte sie.

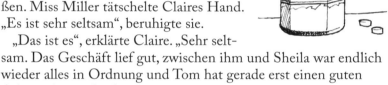

„Das ist es", erklärte Claire. „Sehr seltsam. Das Geschäft lief gut, zwischen ihm und Sheila war endlich wieder alles in Ordnung und Tom hat gerade erst einen guten Arbeitsplatz gefunden."

„Tom ist der älteste Sohn?"

Claire nickte. „Piers, der jüngere, geht noch zur Uni."

„Und Sie sagen, er hat sich endlich wieder gut mit Sheila verstanden. Wie schlimm war es gewesen?"

„Sie sind seit sechsundzwanzig Jahren verheiratet", erzählte sie, „aber die letzten zehn Jahre ungefähr waren sehr hart. In manchen Monaten sprachen sie kaum miteinander. Ich wollte natürlich nicht zu neugierig sein, aber es war so schön zu sehen, dass sie wieder wie früher zueinander waren."

„Tragisch", sagte Miss Miller.

Claire seufzte zitternd. „Ich kann nicht glauben, dass er wirklich nicht mehr da ist. Die arme Sheila ist am Boden zerstört."

„Verzeihen Sie, dass ich das fragen muss", sagte Miss Miller, „aber was ist gestern eigentlich passiert?"

„Am Frühstückstisch ging es David abgesehen von seinem Husten gut, doch etwas, das mit der Post gekommen war,

9. EIN UNERWARTETER TOD

beunruhigte ihn. Er weigerte sich darüber zu sprechen, doch er war auf einmal sehr gereizt und verbrachte fast den ganzen Tag im Arbeitszimmer. Sheila bekam davon solche Kopfschmerzen, dass sie schließlich um sechs zu Bett ging. Kurz darauf ging ich aus. Im Museum gab es eine Ausstellung von Kunstwerken des siebzehnten Jahrhunderts aus dieser Gegend, die Mia Perry und ich besuchten. Als ich zurückkam, ging ich in Davids Arbeitszimmer, um nachzusehen, ob sich seine Laune gebessert hatte. Er war ..." Sie unterdrückte einen Schluchzer.

Miss Miller umarmte sie leicht. „Der arme David hing zusammen gesackt im Sessel, sein Mund stand offen. Es war eindeutig, dass er tot war. Er hatte die ganzen Papiere vom Schreibtisch auf den Boden gewischt. Vor ihm stand ein Tablettenfläschchen."

„Haben Sie die Polizei verständigt?"

„Sofort. Da sie keine Einbruchspuren fanden, gehen sie von Selbstmord aus."

„Ich weiß, dass dies schwer für Sie ist, aber dürfte ich das Zimmer sehen?", fragte Miss Miller. Claire runzelte kurz die Stirn. „Wenn Sie das wirklich möchten, Mary."

David Spencers Arbeitszimmer war mit einem dicken, grünen Teppich ausgelegt, es gab viele Lampen und ein Fenster, das auf den Garten hinausging. Die dominanten Möbel in dem Raum waren ein mit Leder überzogener Schreibtisch und ein, dazu passender, robuster Ohrensessel. Links vom Schreibtisch, auf dem Boden, lagen Papiere, Ordner, Notizen und Zeitungen verstreut. Auf dem Schreibtisch stand ein einziges großes Tablettenfläschchen, daneben lagen mehrere große Tabletten. Aufeinander abgestimmte Gemälde schmückten die Wände und die Bücherregale waren bis oben hin vollgestopft mit Büchern und Dokumenten. Claire erschauderte. „Ich glaube, dass die Tabletten beim Einschlafen helfen sollen." Ihre Augen füllten sich mit Tränen. „Der Gerichtsmediziner sagte, er muss zwanzig oder mehr Tabletten genommen haben."

„Wurde der Raum so zurückgelassen?"

„Ja, ich habe ihn die ganze Zeit abgeschlossen. Es ist zu …" Sie verstummte.

„Es tut mir so leid, meine Liebe", offenbarte Miss Miller. „Ich fürchte, Ihr Bruder wurde ermordet."

Woher weiß Miss Miller das?

Tipp: ARBEITSZIMMER

10. DER KLETTERER

„Ich bekomme das Bild nicht aus dem Kopf." Carson Long war sichtlich erschüttert. „Es ist jetzt fünf Tage her, aber jedes Mal, wenn ich die Augen schließe, sehe ich den armen Jeffrey verdreht und gebrochen auf dem Seilhaufen liegen. Es ist einfach so sinnlos." Oliver James tätschelte Carson an der Schulter. „Gib dir Zeit, Car. Du hattest einen schrecklichen Schock. Wie verkraftet Hayden es?" „Schlimmer als ich, ehrlich gesagt. Er war immer der Stärkste von uns dreien. Aber das ist ja nicht wirklich verwunderlich. Er musste mitansehen, wie Jeff hinunter stürzte. Zumindest das ist mir erspart geblieben." Oliver nickte. „Das ist eine Gnade. Wo warst du?"

„Ich war im Zelt. Ich hatte noch nie so viel übrig für klettern. Bin nicht gerade ein Fan von Höhen. Während Jeff und Hay die Felswand bezwungen, blieb ich im Zelt und las mein Buch weiter. Plötzlich hörte ich die Schreie und rannte dorthin. Hay war oben auf der Felswand und heulte sich die Seele aus dem Leib. Mein Kopf war plötzlich völlig leer. Ich starrte ihn sekundenlang an, guckte dann nach unten und sah Jeff dort liegen. Dieser Teil lässt mich nicht mehr los. Wie kann dort so viel Blut sein?"

„Das muss ein schrecklicher Anblick gewesen sein", bekannte Oliver nach einer kurzen Pause. „Wie habt ihr drei euch vorher verstanden?"

„Oh, du weißt schon, der ganz normale freundschaftliche Wahnsinn. Das Drama um Bella versiegte vor ein paar Monaten und alles war wieder normal zwischen uns. Du kennst Bella Hall?"

Oliver schüttelte den Kopf.

„Sie ist verblüffend schön, mit einem spitzbübischen Charakterzug. Aber ein gutes Herz. Sehr lustig."

„Sie hört sich wirklich entzückend an."
„Das ist sie", bestätigte Carson. „Sie hatte uns im Sommer alle drei um den Finger gewickelt und spielte uns schamlos gegeneinander aus. Es war alles ganz harmlos und in dem Moment, als Streitereien aufkamen, hörte sie sofort auf mit ihren Spielchen. Sie musste allerdings mehr für Jeff empfunden haben. Sie ist fast genauso untröstlich wie Hay und ich."

Oliver nickte nachdenklich. „Bitte verzeih', dass ich das frage, aber wie kam es zu Jeffs Sturz? Hat er den Halt verloren?"

Leicht den Kopf schüttelnd antwortete Carson: „Er war schon fast unten. Er rutschte aus und ich nehme an, dass sein Sicherungskarabiner versagte. Hay war nicht imstande, mir genau Bericht zu erstatten, und ich war nicht imstande einen zu hören. Nur, dass Jeff einen schwierigen Standplatz anpeilte und dann plötzlich weg war. Das nächste, woran sich Hay erinnert ist, dass

10. DER KLETTERER

er kniete und heulte und ich von unten auf die Felswand starrte." Er erschauderte. „Ich brauche jetzt was Starkes zu trinken." Oliver seufzte „Zweimal, Cars. Gib mir auch einen." Carson nickte und schenkte ihnen beiden großzügig ein. Als er Oliver den Drink reichte, kippte er ihn in einem Zug herunter. „Besser, du tust dasselbe, mein Freund. Es wird noch schlimmer."
Carson sah ihn ahnungslos an. „Ich verstehe nicht."
„Jeff wurde ermordet, Carson. Hayden hat ihn umgebracht."

Woher weiß Oliver, dass es Mord war?

Tipp: SEIL

11. TÖDLICHES TREFFEN

Der Mord an Angela Voss – mitten in Tate's Wine Bar – versetzte die Boulevardblätter in Aufregung. Als die Zeitungen dann auch noch erfuhren, dass „Paddington" Parnacki die Ermittlungen leitete, landete die Story auf der Titelseite.

Auf den ersten Blick schienen die gegebenen Fakten nichts her zu geben. Mrs. Voss traf sich in der Bar mit ihren zwei Freundinnen Elizabeth Hansen und Sophia Rosenthal. Voss und Hansen teilten sich einen Krug leichten Weincocktail, während Rosenthal einen Kaffee bestellte. Die Damen aßen oder tranken nichts anderes. Neunzig Minuten später war Voss tot, scheinbar vergiftet. Während alles untersucht wurde, führte Inspektor Parnacki die Befragungen durch und fing mit dem Kellner an, der den drei Damen die Getränke serviert hatte. Michael Johnson war ein großer, freundlich aussehender Mann Ende zwanzig. Er war sichtlich nervös und wischte seine Handflächen immer wieder an seinem Hemd ab.
„Sie haben Mrs. Voss und ihre Freundinnen bedient, nicht wahr", fragte Parnacki. „Ja, Sir", erwiderte Johnson. Er hielt inne, dann auf einmal platze es aus ihm heraus: „Muss ich ins Gefängnis?" Parnacki hob eine Augenbraue: „Wollen Sie mir sagen, dass Sie Mrs. Voss ermordet haben?"

11. TÖDLICHES TREFFEN

„Nein! Ähm ... nein, Sir. Nicht mit Absicht. Aber ich habe ihnen doch die Getränke gebracht. Also ... habe ich sie getötet."
Beruhigend antwortete Parnacki: „Auch wenn das stimmt, wären Sie nur, weil Sie die Getränke serviert haben, nicht mehr verantwortlich für den Mord als das Tablett, das Sie trugen. Außer, natürlich, Sie wussten, dass der Drink vergiftet war."
Johnson entspannte sich erleichtert. „Oh, dem Himmel sei Dank." Er trocknete sich die Augenwinkel. „Also, wie kann ich helfen?"
Parnacki lächelte aufmunternd. „Ich nehme an, Sie kennen die drei Damen?"
„Ja, sie sind Stammgäste von uns. Waren Stammgäste, meine ich."
„Erzählen Sie mir, was passiert ist."
„Nun, ich nahm den Damen die Mäntel und Schals ab und führte sie an ihren Stammtisch am Kamin. Mrs. Rosenthal bestellte einen Kaffee mit Sahne und Mrs. Hansen einen Krug von dem Wein mit Eiswürfeln aus der Schale, um ihn sich mit Mrs. Voss zu teilen. Ich gab die Bestellung an die Bar weiter und kümmerte mich um andere Stammgäste, die Timothys, die mir signalisierten an ihren Tisch zu kommen. Als ich deren Bestellung aufgenommen hatte, waren die Drinks der Damen fertig. Ich brachte sie zusammen mit zwei Weingläsern an ihren Tisch. Ich stellte die Getränke ab, schenkte Mrs. Voss und Mrs. Hansen ein und ging wieder. Mrs. Hansen schien durstig zu sein. Mrs. Rosenthal fragte nach ein wenig Honig, den ich ihr brachte. Das war alles bis ..."
„Bis?"
Johnson schluckte nervös. „Es passierte ungefähr nach einer Stunde. Mrs. Voss stand auf, weil es ihr sichtlich nicht gut ging. Sie rief nach einem kalten Wasser. Noch bevor ich es ihr bringen konnte, bekam sie einen Hustenanfall. Dann fiel sie zu Boden,

zuckte am ganzen Körper und kurz darauf starb sie. Ihre Freundinnen waren verzweifelt."
„War es normal, dass Mrs. Rosenthal einen Kaffee bestellte?"
„Ja, das tut sie häufig. Sie trinkt nie Alkohol, zumindest nicht, dass ich wüsste."
„Ich verstehe. Und hat der Barkeeper in diesem Monat bei Tate's angefangen?"
„Ja, genau. Das ist seine zweite Woche. Wollen Sie, dass ich ihn hole? Er ist sicher hier."
„Noch nicht, Mr. Johnson. Ich hätte später vielleicht noch ein paar Fragen."
Als der Inspektor mit dem aufgewühlten Kellner fertig war, kam ein Beamter zu ihm. „Die Berichte, Sir", sagte der Mann, „Kamen soeben herein." Parnacki nahm die Papiere nickend entgegen und

11. TÖDLICHES TREFFEN

blätterte sie durch. Auf einer Liste standen die bestellten Getränke: ein Krug, zu einem Viertel voll; ein Glas, halb voll; ein Glas, voll; eine Kaffeekanne, leer; ein Sahnekännchen, leer; ein Schälchen Honig, zu Zweidritteln voll und eine Kaffeetasse, leer.

Im Krug und in beiden Weingläsern befanden sich Spuren von Arsen. Seine Vermutung bestätigt, nickte Parnacki und blickte wieder hoch zu dem Beamten. „Wir müssen uns auf Elizabeth Hansen konzentrieren", erklärte er. „Bringen Sie sie zur Befragung herein."

Warum verdächtigt Parnacki Hansen?

TIPP: DURST.

12. DIE FOREMAN-FIGUREN

"Die wussten genau, wonach sie suchen, Mary." Stella zog verärgert die Augenbrauen zusammen. Miss Miller schnalzte mitfühlend. „Möchten Sie noch etwas Tee, meine Liebe? Das muss schrecklich für Sie sein."

Stella Simmons hielt ihre Tasse mit Untertasse hin. „Es ist schrecklich, ja. Das ist das richtige Wort. Die Figuren zu verlieren ist ärgerlich, aber das ist es gar nicht. Ich fühle mich so ... in meiner Intimsphäre verletzt."

Der Einbruch ereignete sich vor zwei Tagen. Es wurden drei teure Foreman-Figuren entwendet, doch nichts anderes.

„Das geht vorbei, ich verspreche es Ihnen", bemerkte Miss Miller, „es braucht nur etwas Zeit. Vielleicht engagieren Sie jemanden, der in den nächsten paar Wochen mit ihnen zusammen auf das Haus aufpasst. Obwohl ich mir sicher bin, dass sie nicht zurückkommen werden. Sie haben, was sie wollten. Foreman ist zurzeit sehr beliebt, der Markt ist voll von seinen Werken."

„Das ist mir bewusst", bekräftigte Stella, „die Polizei ist ziemlich pessimistisch. Sie sagt, es wird äußerst schwierig, meine Figuren zu identifizieren, falls sie schon weiter verkauft wurden. Wovon die Polizei ausgeht."

„Hatten Sie viel Ärger mit der Presse?"

„Ach, die", seufzte Stella. „Aufgeblasene Idioten sind das, haben lauter Fehler gemacht. Sie schrieben Simmons mit ‚d', behaupteten, dass fünf Figuren fehlten und erfanden schlichtweg das Zitat, ich sei ‚völlig verzweifelt' über den Verlust von ‚den unbezahlbaren Familienerbstücken, an denen so viele Erinnerungen hängen'. Kompletter Blödsinn. Ich bin selbstverständlich nicht glücklich, aber ich habe die verdammten Dinger erst letzten Winter erworben, weil ich sie schön fand."

„Haben Sie eine Idee, woher die wussten, wo sie suchen mussten?"

„Oh, ich glaube nicht, dass sie das wussten. Die sind einfach unten durch die Räume geschlichen und haben geguckt. Die wollten nur die Foremans."

„Ich nehme an, es ist kein Geheimnis, dass Sie seine Werke mögen."

„Nicht seitdem ich vor wenigen Monaten mein Einverständnis zu diesem verfluchten Interview gegeben habe, nein. Ich habe keine Ahnung, was meine häusliche Einrichtung mit dem Migrieren von Regenpfeifern zu tun haben soll."

„Ich glaube, man nennt das szenische Beschreibung", stellte Miss Miller fest und hielt inne. „Oh, Aubrey, nein, nicht auf den Tisch. Das ist nur Tee, Süße." Sie nahm die Katze, die gerade an ihrer Tasse schnüffelte, und setzte sie auf den Boden. Stella lächelte bei dem Anblick. „Ich kann nichts versprechen",

erklärte Miss Miller, „aber ich kenne einige örtliche Antiquare, die bekannt sind für ihre Deals unter der Hand. Ich strecke mal die Fühler aus."

„Großer Gott, Sie sind mutig! Danke, meine Liebe."

Miss Miller lächelte leicht.

Später am Nachmittag stand sie vor Coombs, einem eher heruntergekommenen Antiquariat, das sie kannte. Den Ehrenplatz im Schaufenster hatte eine hübsche Foreman-Figur. Sicherlich hätte es eine von Stellas sein können, jedoch hätte sie auch von überall anders stammen können.

Sie hatte gerade den Laden betreten, da tauchte Eli Coombs auch schon auf. Der Besitzer des Geschäfts war ein schmieriger Typ Anfang sechzig mit einer Vorliebe für billige graue Anzüge. „Was für eine Freude so eine charmante Dame in meiner bescheidenen Boutique anzutreffen", begrüßte Coombs sie und verneigte sich. „Wie kann ich behilflich sein?"

„Ich interessiere mich für die Foreman", offenbarte Miss Miller.

„Oh, natürlich. Sie haben ein gutes Auge. Es ist ein reizendes Kunstwerk."

„Ich gehe davon aus, dass Sie seine Herkunft belegen können?"

„Selbstverständlich, Madam. Jedes Stück in meinem Sortiment ist sorgfältig dokumentiert."

Miss Miller nickte. „Das hoffe ich. Anlässlich des aktuellen Simmons-Diebstahls kommen einem unweigerlich Zweifel."

„Meine liebe Dame, wollen Sie etwa damit sagen, dass …" Coombs Lächeln war verschwunden und sein Akzent war stärker geworden.

„Mr. Coombs ich bin nicht Ihre liebe Was-Auch-Immer. Ist das eine der gestohlenen Figuren?"

„Absurd!", spuckte Coombs aus, „ich würde niemals bei so einer Gaunerei mitmachen. Sie könnten mein ganzes Geschäft auf den Kopf stellen und würden niemals auch nur eine Spur der anderen

12. DIE FOREMAN-FIGUREN

beiden finden. Ich kann mich nicht daran erinnern, wann ich einmal so beschimpft worden bin. Bitte gehen Sie sofort."

„Verzeihung", sagte Miss Miller. „Ich wollte Sie nicht beschimpfen. Ich werde jetzt gehen."

Nachdem Sie das Antiquariat verlassen hatte ging sie direkt zur Polizeistation, wo sie zu einem Beamten sagte: „Ich weiß, wer mit den gestohlenen Figuren von dem Simmon-Diebstahl hehlt."

Woher weiß sie, dass die Figur wirklich gestohlen wurde?

Tipp:
REPORTAGE

13. DER GEIZHALS

Inspektor Parnacki spazierte flott durch den Park, während er einen tiefen Zug aus seiner Pfeife nahm und versuchte, den Kopf frei zu kriegen. Fakt war: Karson Meyers war tot und anscheinend beweinte ihn niemand. Fakt war: Meyers wurde mit einem Schürhaken durch den Hals erstochen, der von seinem eigenen Kamin im Salon stammte. Fakt war: Zeitpunkt des Todes schien zwischen 19 Uhr und 23 Uhr zu sein. Fakt war: Das Dienstmädchen fand ihn auf dem Boden in einer Blutlache liegend kurz vor dem Frühstück und schlug Alarm. Fakt war: Sie hatte leider einer Reihe von Fragestellern erzählt, dass als Mordwaffe ein Schürhaken benutzt wurde, bevor er sie bitten konnte dies zu unterlassen. Fakt war: Sechs Personen hatten ein Motiv, den alten Geizhalt zu ermorden, die Gelegenheit es zu tun und ein logisches, wenn auch fadenscheiniges Alibi. Fakt war: Nach den Befragungen aller sechs Personen, wusste er immer noch nicht, welche Person er verdächtigen sollte.

Solche Gegebenheiten nagten an Parnackis Stolz. Seine Pfeife paffend ging er die Befragungen noch einmal im Kopf durch.

13. DER GEIZHALS

Michael Knight war ein Bauholzvertreiber und einer von Meyers lautstarken Kreditgebern. Die beiden waren seit Jahren Geschäftspartner, doch jetzt schuldete Meyers ihm eine ordentliche Summe Geld. Laut Knight weigerte sich Meyers standhaft seine Schulden zu begleichen. „Es überrascht mich nicht, dass ihn jemand umgelegt hat", gab Knight zu.

„Er war ein wütender Mann. Aber ich war es nicht. Ich war den ganzen Abend zuhause mit meiner Frau. Außerdem erlag ich nicht der Hoffnung, Geld aus seinem Vermögen zu bekommen. Leider schuldete er mir das Geld persönlich, nicht über die Firma."

Susan Hugo war seine lang entfremdete Tochter und sein einziges Kind. Ihr ging es finanziell schlecht und sie könnte gehofft haben, dass sie die einzige Erbin von Meyers Hinterlassenschaften war. „Ich wäre gerne traurig darüber, dass er tot ist", offenbarte sie. „Man sollte traurig über den Tod seines Vaters sein. Aber die Wahrheit ist, dass er nie sehr nett zu mir und meiner Mutter war. Seitdem Mutter gestorben ist, war ich nicht mehr in einem Raum mit ihm, und das ist jetzt fünfzehn Jahre her. Aber mit einem Schürhaken getötet zu werden, das ist schrecklich. Darüber bin ich schon traurig. Mein Ehemann, Paul, ist momentan krank. Ich habe mich um ihn gekümmert. Ich verstehe, dass Sie fragen müssen. Paul wird Ihnen mein Alibi bestätigen."

Ian Goddard, einer von Meyers Managern, war ungewöhnlich unverblümt, während des Verhörs. „Ich freue mich riesig darüber, dass dieser Hurensohn tot ist. Er war ein Feigling, ein Tyrann und ein Geizhals, der mein Leben miserabel machte. Vielleicht haben wir jetzt die Chance, die Firma wieder auf eine solide Basis zu stellen. Ich habe selbst daran gedacht, ihn zu töten, wissen Sie. Mehrfach. Aber er war es nicht wert. Gestern Abend habe ich mit drei Freunden Bridge gespielt. Ich kann Ihnen sogar genau sagen, wer wann welche Karte gespielt hat, wenn Sie möchten."

LEVEL 1

Evan Patterson war der andere Manager. Er reflektierte mehr über das Opfer, als über dessen Tod verbittert zu sein. „Es ist schwer mir vorzustellen, dass er tot ist, geschweige denn erstochen wurde. Er war so eine dominante Persönlichkeit. Wann immer er den Raum betrat, schien die ganze Luft zu entweichen. Man spricht nicht schlecht über die Toten, aber Gott helfe mir, ich werde ihn nicht vermissen. Die Firma wird ihn auch nicht vermissen. Ich nehme an, dass wir eine bedauernd klingende Anzeige schalten und einen offiziellen Tag der Trauer einberufen werden müssen. Ich habe gestern Abend mit meinem Bruder gegessen."

Emma Moss war Meyers Hausmädchen. Ihre Befragung war kurz und sie kam direkt zum Punkt. „Hab' gehört, dass er tot ist." Als er nachhakte, wo sie an dem besagten Abend war, fügte sie missmutig hinzu: „Zuhause, natürlich, bei meiner Familie."

Jerrold Stanton war Meyers Hausdiener. „Ich hatte vorher noch nie so einen Arbeitgeber wie Mr. Meyers. Oh, man, was für ein gebrochener Mann. Ich habe versucht zu gehen, das war vor

13. DER GEIZHALS

sechs Jahren, als ich verstand, was für eine Art Mensch er war. Er machte deutlich, dass wenn ich ging, er mich des Diebstahls bezichtigen und den Richter bestechen würde, damit er mich ins Gefängnis stecken würde. Ich habe mich nie wieder auch nur annähernd getraut zu gehen. Es war hart, aber ich habe mich ruhig verhalten und getan, was er wollte. Jetzt ist es Zeit für ein neues Kapitel in meinem Leben. Ich war gestern Abend in der Kneipe und habe ein oder zwei Bier getrunken."

Plötzlich blieb Parnacki stehen. „Wie dumm von mir", sagte er. „Einfach dumm!" Er machte auf dem Absatz kehrt und hastete zurück zur Polizeistation.

Wer ist der Mörder und woher weiß Parnacki das?

TIPP:
SCHÜRHAKEN

14. VICTORS BEERDIGUNG

Die Beerdigung von Victor Ivanona war den Umständen entsprechend ein voller Erfolg. Der Gottesdienst war angemessen berührend, die Beerdigung verlief reibungslos und man hatte sogar Leute gefunden, die freundliche Worte über ihn sagten. Sein bösartiger Charakter und seine fliegenden Fäuste wurden als „leidenschaftliches Naturell" verschönt. Anscheinend waren die Leute posthum toleranter, wenn man erschossen wurde.

Bei der anschließenden Totenwache gestattete sich Miss Miller ein Tee und ein randloses Sandwich, bevor sie sich unter die Leute mischte. Obwohl die Polizei noch nicht entschieden hatte, ob Victor Selbstmord begangen hatte oder ermordet worden war, hatte die angebliche Trauergemeinde kaum Zweifel.

„Natürlich wurde er ermordet!" Mit ihren gerade einmal zwanzig Jahren war Kailee Williams immer noch sehr aufgeregt und schien sich bestens zu amüsieren. Ihr Liebhaber, Eugene, war Victors Sohn. „Man redet nicht schlecht über die Toten, aber der arme Eugene litt furchtbar unter den Launen seines Vaters. Wie viele andere auch. Männer wie Victor begehen keinen Selbstmord. Dazu fehlt ihnen das Selbstbewusstsein. Sie bleiben einfach am Leben und werden älter und gemeiner. Ich wette, es war der Gärtner. Victor hatte ihn tatsächlich einmal ausgepeitscht. Können Sie sich das vorstellen? Einen Gärtner auszupeitschen? Da gefriert einem das Blut in den Adern, das kann ich Ihnen sagen."

Chance Hoffs war ein alter Freund der Familie. „Victor war schon immer ein schwieriger Mann", offenbarte er. „Mit den Jahren wurde es schlimmer. Ich glaube nicht, dass ich irgendwann verstehen werde, was ihn so verärgerte, aber der Frust und Zorn

14. VICTORS BEERDIGUNG

wuchsen stetig. Er wurde Mitte vierzig, was ehrlich gesagt die meisten Leute hier nicht erwartet hätten. Ich glaube, wir werden die Wahrheit niemals erfahren. Die einzige, die vielleicht als Zeugin in Frage käme, wäre seine Großtante im Raum nebenan, doch die ist auf beiden Ohren taub und hat nichts gehört."

Schließlich fand Miss Miller Victors Großtante Agatha in einer sonnigen Ecke des Raums. Sie war eine rüstige Achtzigjährige mit hellen, aufgeweckten Augen und einem Hörrohr.

„Guten Tag, ich bin Mary Miller", stellte sich Miss Miller vor und setzte sich zu Agatha an den Tisch.

Die alte Dame wedelte mit dem Zeigefinger, schwang das Hörrohr mühsam an seinen Platz, indem sie sich das eine Ende ins Ohr drückte und das andere direkt in Richtung Miss Millers Mund hielt. „Was haben Sie gesagt, meine Liebe?"

Ihre Stimme war überraschend fest.

„Ich sagte guten Tag und dass mein Name Mary Miller ist."
„Agatha Ivanova. Freut mich Sie kennenzulernen. Kannten Sie meinen Großneffen?"
„Gesellschaftlich", erwiderte Miss Miller.
„Ah, gut für Sie. Armer Mann. Er war vom Teufel besessen, wissen Sie." Sie hielt inne.
„Metaphorisch gesprochen, kein echter Teufel. Den Verstand habe ich noch nicht verloren. Victor konnte sehr reizend sein, wenn alles nach seiner Nase ging. Er ertrug es nicht, wenn ihm jemand in die Quere kam. Allerdings war auch sein Vater, mein Neffe, zu seiner Zeit ein ziemlicher Tyrann. Diese ganze Gewalt und Wut, mit denen Väter ihre Söhne überhäufen, ist einfach nur dumm."
„Eugene macht einen sehr freundlichen Eindruck", sagte Miller.
„Ja, in der Tat. Er wurde oft von seiner Mutter abgeschirmt – im wahrsten Sinne des Wortes. Es war relativ einfach Victors Gewalt umzuleiten, wenn man bereit war den Preis dafür zu zahlen. Die Frau hat Rückgrat, das sage ich Ihnen."
Miss Miller erinnerte sich an Briony Ivanovas starkes, gefasstes Auftreten auf der Beerdigung und konnte nur zustimmen. Die Witwe stand in der Mitte des Raumes und redete mit ein paar Gästen. Von der anderen Seite des Raumes erschallte plötzlich ein Aufschrei. Agatha und Miss Miller sahen sich beide gleichzeitig um. Ein vom Wetter gegerbter Mann wurde von mehreren Leuten beruhigt.
„Victors Gärtner", erklärte Agatha, „er hat viele gute Gründe wütend zu sein."
„Denken Sie, er könnte der Mörder sein?"

14. VICTORS BEERDIGUNG

Agatha hob die Augenbrauen und lachte leise. „Nun, ich nehme an, er könnte es sein. Es bringt nichts mich zu fragen, meine Liebe."

„Sie waren im Raum nebenan", hakte Miss Miller nach.

„Ganz recht, aber ich fürchte, ich las. Wenn irgendjemand an der Tür vorbeigelaufen ist, habe ich ihn nicht gesehen."

„Also haben Sie keinen Streit gehört?"

„Ich habe noch nicht einmal den Schuss gehört", widersprach Agatha. „Ich würde nicht einmal die letzte Posaune hören, außer ich hielte dieses Biest mitten hinein." Sie tätschelte ihr Hörrohr mit der freien Hand.

„Nein, natürlich nicht. Aber Sie müssen einen Verdacht haben."

Agatha nickte. „Ehrlich gesagt, glaube ich, dass er durch seine eigene Hand gestorben ist. Ich möchte glauben, dass er in einem klaren Moment realisiert hat, dass er sich nur davon abhalten konnte, das Leben seines Sohnes zu zerstören, indem er sein eigenes beendete. Der einzige und letzte Moment, in dem er ein richtiger Vater war." Sie seufzte. „Ich bin froh, dass Eugene die liebe Miss Williams in dieser schweren Zeit hat. Sie erinnert mich ein wenig an seine Mutter – lieb und gescheit mit einem Rückgrat aus Stahl. Ich bin mir sicher, Sie kennen diesen Typ Mensch, meine Liebe." Sie warf Miss Miller einen wissenden Blick zu.

Miss Miller lächelte höflich. Oje, dachte sie. Wen decken Sie, Agatha?

Woher weiß Miss Miller, dass die alte Dame lügt?

GÄRTNER

Tipp:

15. DIE KETTE

Es war nach 21 Uhr, als Inspektor Parnacki beim Haus von Jackson und Isabella Stone ankam. Einige Stunden zuvor hatte es endlich aufgehört zu schneien, sodass die Fahrt in Ordnung war. Am Ende der Auffahrt wurde er von einem fröstelnden Polizisten empfangen. Parnacki zeigte ihm seine Dienstmarke und fragte nach einem Bericht.

Der Beamte fasste zusammen: „Vor einer Stunde wurde aus dem Haus eine extrem wertvolle Diamantenkette, die Isabella Stone gehörte, gestohlen, Sir. Mr. und Mrs. Stone haben heute Abend gute Freunde zu Besuch, ein Ehepaar namens John und Kathleen Acosta. Ihrem Bericht zufolge, hat keiner der vier etwas ungewöhnliches beobachtet, bis Mr. Stone die Leiter an der Seitenwand entdeckte, die unter dem Schlafzimmerfenster platziert worden ist. Die Gruppe durchsuchte das Haus und fand heraus, dass die Kette gestohlen wurde. Ich habe mich selbst vergewissert, dass der Eindringling nicht mehr am Tatort ist. Er muss hinein und hinausgeklettert sein, bevor irgendjemand Notiz nehmen konnte. Alles war noch in Ordnung, als die Acostas um 17 Uhr 30 ankamen, aber der Diebstahl konnte sich ab dann bis um 20 Uhr 30, als er entdeckt wurde, ereignet haben."

15. DIE KETTE

Parnacki dankte dem Beamten und wollte, dass er ihm die Leiter zeigte. Dieser führte ihn von vorne an die Seite des Hauses. Im Schnee waren unzählige Fußabdrücke, ums Haus herum und zum und vom Schuppen im Garten. Die Leiter war ordentlich an die Hauswand an das offene Fenster platziert worden. Flatterte dort oben etwas? Parnacki hielt sich an der Leiter fest und schaute mit zusammen gekniffenen Augen hoch zum Fenster. Er zuckte leicht, als die Leiter in den Schnee absackte.

„Die wurde aus dem Schuppen geholt?"

Der Beamte nickte. „Jackson Stone hat sie als seine identifiziert."

„Ich sollte mich mit den Stones und Acostas unterhalten", erklärte Parnacki.

Also gingen die beiden Männer ins Haus ins Wohnzimmer, wo sich die vier Freunde versammelt hatten. Es war ein schöner Raum, adrett eingerichtet und sauber, eher gemütlich als luxuriös.

Nach der Vorstellungsrunde fragte er die vier jeweils nach ihrer eigenen Darstellung von den Ereignissen des Abends.

„Wir haben nichts mitbekommen", sagte Isabella Stone aus, „zumindest nicht, bis alles vorbei war."

„Ja", bestätigte Jackson Stone, „ich ging kurz vor 20 Uhr 30 ins Badezimmer und sah von dort, dass die Leiter an der Mauer lehnte. Ich konnte mir keinen Reim darauf machen, also bin ich, nachdem ich fertig war, kurz hinausgegangen, um nachzusehen, und da stand sie, aus dem Schuppen geholt und direkt unter das Schlafzimmerfenster gestellt. Also ging ich wieder herein und schlug Alarm."

John Acosta nickte zustimmend. „Jack kam ins Zimmer gestürzt. Er sah äußerst aufgebracht aus und sagte zu uns, dass ein Einbrecher im Haus sein könnte. Er und ich sahen sofort nach, um sicherzugehen, dass wir sicher waren, während die Frauen

15. DIE KETTE

die Polizei riefen. Ich sah unten nach, während Jack das Obergeschoss überprüfte. Ich war sehr erleichtert, als ich feststellte, dass keine Messer aus der Küche fehlten."

„Da entdeckte ich, dass Isabellas Kette nicht mehr da war, genauso wie der Dieb", erzählte Jackson.

„Wir haben überall nachgesehen, drinnen und draußen", sagte Kathleen Acosta. „Keine Spur, weder von der Kette noch von dem Dieb. Es ist sehr beängstigend."

Inspektor Parnacki nickte nachdenklich. „Und ich nehme an, dass Sie vier den ganzen Abend zusammen waren?"

„Natürlich", antwortete Isabella, „manchmal zu zweit. Kathy und ich sind mehrmals in die Küche gegangen."

„Ich verstehe", erwiderte Parnacki. „Ich sollte Sie daran erinnern, Mr. Stone, dass auf Versicherungsbetrug eine bedeutsame Gefängnisstrafe steht. Ich bin mir sicher, dass die Kette gut versteckt an einem sicheren Ort gefunden wird."

Stone wurde blass und die anderen schnappten nach Luft.

„Guten Abend", verabschiedete sich Parnacki und schlenderte nach draußen.

Warum denkt Parnacki, dass Jackson Stone der Dieb ist?

TIPP: LEITER

16. DIE KARYATIDEN

Oliver James atmete tief durch, klopfte dann an die Bürotür seines Vaters und ging hinein.

„Ah, da bist du ja, mein Junge." Mit seinen 1,82 Meter war Cameron James nur ein paar Zentimeter kleiner als sein Sohn, doch wo Oliver rank und schlank war, besaß sein Vater die muskulöse Kraft eines Mannes, der die meiste Zeit seines Lebens große Mengen an Steinen und Backsteinen gehoben hatte. „Komm rein, komm rein. Jacob und ich diskutieren gerade über die Ornamente für das Southwell-Gebäude. Dachte, du kannst uns vielleicht dabei helfen."

Oliver zuckte zusammen und versteifte sich. Cameron konnte sich immer noch nicht damit abfinden, dass sein Sohn sich mehr für architektonisches Design als das tatsächliche Bauen interessierte, und die Vorträge über seine Zukunft wurden bedauerlicherweise immer häufiger.

„Erinnerst du dich an Pick & Sons, Oliver?" Jacob York war mittlerweile vierzig und die rechte Hand seines Vaters seitdem Oliver denken konnte. Wenigstens stimmte er mit Oliver überein, was das Thema Architektur belangte.

Oliver nickte.

„Cruz hat Informationen über römische Statuen zu einem sehr guten Preis", erklärte Cameron.

„Vielleicht zu gut", fügte Jacob hinzu.

„Vielleicht, vielleicht", sagte Cameron, „aber wenn nicht, würden sie Southwells Anforderungen für die Fenstergiebel erfüllen und lägen weit unter dem Budget. Du hast ein gutes Auge, Oliver. Ich dachte, vielleicht könntest du uns sagen, was du von ihnen hältst."

16. DIE KARYATIDEN

Ein erleichterter Oliver sagte, er würde sehr gerne helfen.

„Setz dich zu uns", sagte Cameron und zeigte auf einen Stapel von Papieren auf dem Schreibtisch.

Oliver setzte sich und warf einen Blick auf die näheren Angaben. Laut den Papieren handelte es sich um zwei zusammengehörende elegante Karyatiden-Säulen aus dem Reich des Römischen Kaisers Diokletian und waren in einem überraschend guten Zustand. Das Baudatum war klar, da der Steinmetz den Boden mit seinem eigenen Namen, dem vollen Titel des Kaisers Diokletian und dem Jahr, AD302, markiert hatte. Es war das Jahr, in dem der Kaiser seine blutige Christenverfolgung begann, während der alle römischen Bürger zu Opfergaben an die griechischen Götter gezwungen wurden. Einige Stätten dienten zweifellos diesem Zweck, und Karyatiden – tragende Säulen in Form eines Frauenkörpers –, wenn auch nicht gerade typisch für das römische Zeitalter, waren nicht gänzlich unbekannt.

Auf den beigefügten Bildern sahen die Statuen aus, als wären sie aus Marmor. Es gab ein paar Abnutzungsspuren – es wäre ziemlich verwunderlich, wenn nicht – aber diese Stücke hätten genauso gut in einem Museum stehen können.

Oliver blickte hoch. „Wo hat Pick sie gefunden?"

„Er hat sie von einem türkischen Freund bekommen", erzählte Cameron. „Der Mann hatte ihm erzählt, dass er sie

LEVEL 1

einem osmanischen Pascha abgekauft habe, der in finanziellen Schwierigkeiten steckte, und dass sie seit der Zeit der Seldschuken im 13. Jahrhundert im Besitz seiner Familie gewesen seien."

„Dafür gibt es schriftliche Beweise", sagte Jacob.

„Nun, es ist nicht ganz unmöglich, dass ein paar Diokletian-Stücke in einer privaten Sammlung überleben", gab Oliver zu.

„Diokletian lebte mehrere Jahre in Antioch, mindestens bis AD 302. Ich kann mir vorstellen, dass in seinem Namen Tempel gebaut wurden und später Marmorstatuen gestohlen wurden, als das Reich schrumpfte. In diesem Fall allerdings, kann ich mit gutem Gefühl sagen, dass diese Stücke definitiv absolute Fälschungen sind. Tut mir leid, Vater."

Wie kann Oliver so sicher sein?

Tipp:
DIOKLETIAN

17. ELWIN

„Es war ein furchtbarer Schock, Mary." Jacqueline Mayberry sah drei Tage nach dem Mord immer noch blass und verwirrt aus. „Ich glaube, ich habe es noch gar nicht richtig realisiert. Niemand zieht die Möglichkeit in Betracht, dass eine nahestehende Person ermordet wird."

Miss Miller wartete höflich ab, ohne etwas zu sagen.

„Ich wage zu behaupten, dass mich die Trauer bald überkommen wird. Im Moment bin ich mir nicht sicher, was ich fühle. Aber wie konnte der Mörder entkommen? Ich verstehe das nicht."

„Was genau ist passiert, Jacqueline? Falls es Ihnen nichts ausmacht darüber zu sprechen."

„Es gibt nicht viel zu sagen. Wir saßen im Esszimmer und warteten darauf, dass Elwin runterkam. Wir hörten von oben einen lauten Knall. Grant, Stephen und Lily rannten die Treppe hoch. Doris und ich warteten unten an der Treppe. Sie fanden Elwin in seinem Zimmer neben dem Kamin, tot. Keine Spur von jemand anderem. Die Polizei fand eine Patronenhülse in seiner Nähe auf dem Boden. Sie durchsuchten natürlich das Haus, um uns zu versichern, dass sich kein Einbrecher im Haus befand. Sie vermuteten, dass er sich seit dem Nachmittag im Haus versteckte, die Vorstellung ist furchteinflößend. Aber wie entkam er? Ich kann mir nicht vorstellen, wie jemand aus dem Fenster klettern, es hinter sich schließen und verriegeln kann, aber es kam auch niemand die Treppe herunter. Die Polizei hat darauf noch keine Antwort."

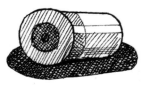

Miss Miller runzelte leicht die Stirn. „Grant und Doris?"
„Grant und Doris Matthews. Doris ging mit mir und Lily in Lilys Jahrgang zur Schule. Sie kam sehr oft zu uns zu Besuch. Ihr Vater war ein bisschen schwierig. Seitdem sind wir Freundinnen."
„Ah, aber was ist vor dem Schuss passiert? Waren Sie alle den ganzen Abend zusammen?"
„Nun, die meiste Zeit, ja. Zwischen Lily und Elwin war es angespannt und sie zeigten sich die kalte Schulter als Stephen und ich ankamen. Kurz nach uns kamen Doris und Grant, und während die Jungs abgelenkt waren, nahm ich Lily beiseite, um zu erfahren, was zwischen ihr und Elwin los war. Ich erfuhr natürlich nicht viel. Sie sagte, dass Elwin sehr angespannt war, wegen geschäftlicher Probleme und dass ihn das so reizbar machte."
„Er und Stephen waren Geschäftspartner, wenn ich mich richtig erinnere?"
„Ja, und Grant auch. Irgendetwas mit Schuhfertigung. Stephen war nicht ganz einverstanden mit einigen von Elwins Entscheidungen, aber genaueres weiß ich nicht."

„Also, alle kamen an und dann passierte was?", hakte Miss Miller nach.
Jaqueline nickte. „Wir hatten ein paar Drinks und plötzlich schrie Elwin Lily an. Er trank hastig aus und stürmte

17. ELWIN

nach oben. Sie entschuldigte sich für ihn und schlug vor, ihn in Ruhe zu lassen bis er sich wieder beruhigt hatte. Eine halbe Stunde später ging Stephen nach oben, um mit ihm zu sprechen. Als er wieder herunterkam sagte er, dass es ihm gut ginge, er nur Kopfschmerzen habe und zu uns käme, wenn es ihm besser ginge. Also begannen wir mit den Canapés, während Grant ins Badezimmer ging. Er war gerade fünf Minuten wieder da, als wir den Schuss hörten."

„Wurde das Zimmer gereinigt?", erkundigte sich Miss Miller.

„Nein, die Polizei bat uns, es für ein paar Tage zu lassen wie es ist."

„Sagen Sie Ihnen, sie sollen den Kamin untersuchen. Ich fürchte, der Mörder steht Ihnen näher als sie denken."

Warum glaubt Miss Miller, dass der Kamin eine wichtige Rolle spielt?

Tipp: *TIMING*

18. DER SELBSTMORD

Jeffrey Alston hatte immer schon ein Faible für Drama. Da er es liebte, im Zentrum der Aufmerksamkeit zu stehen, neigte er zu albernen Tricks wie beispielsweise die Enden seines Schnurrbarts anzuzünden oder mit kostbaren Vasen zu jonglieren. Seine einzige Angst war das Alleinsein und er litt immer sehr, wenn er gezwungen war, Zeit nur mit sich selbst zu verbringen. Also war Miss Miller nicht zu sehr überrascht, als sie hörte, dass er gestorben war. Sie stellte einen kleinen Korb mit Essen zusammen und ging herüber zu Natalie, der Witwe, um zu sehen, ob sie irgendetwas für sie tun konnte.

Es stellte sich heraus, dass es Natalie nicht gut ging.

Sie stürzte sich in Miss Millers Arme und schluchzte minutenlang. Als sie sich wieder gefasst hatte, hörte Miss Miller die Geschichte.

„Ich verstehe es einfach nicht, Mary. Ich bin mir noch nicht einmal sicher, ob er sich wirklich umbringen wollte, oder ob einer seiner Streiche einfach schief gelaufen ist."

Mill Miller runzelte die Stirn: „Sich selbst umgebracht?"

18. DER SELBSTMORD

„Genau! Seit Wochen war Jeff nicht mehr er selbst – bedrückt, sogar ein bisschen schnippisch – aber ich hätte mir nie träumen lassen, dass er sich entscheidet, sich das Leben zu nehmen. Doch es ist schwer zu sagen, was er anderes gemacht haben könnte. Am Sonntag besuchte ich meine Mutter. Während ich weg war, schloss er sich luftdicht im Arbeitszimmer ein, also buchstäblich. Um den ganzen Türrahmen herum war dickes Klebeband geklebt, das alle Ritzen abdichtete. Das gleiche am Fenster. Dann schnitt er die Gasleitung mit einem Messer auf und … und wartete ruhig bis er erstickte." Sie unterdrückte mehrere laute Schluchzer.

„Das tut mir so leid, Natalie. Was für eine schreckliche Geschichte."

„Es ist, als hielte mich ein Bösewicht mit außergewöhnlich schwarzem Sinn für Humor in einem Albtraum gefangen." Sie sackte noch weiter in sich zusammen. Es wäre leichter für mich, wenn ich mir vorstellen könnte, dass er irgendeinen verrückten Trick ausprobieren wollte. Als ich die mit Klebeband versiegelte Tür entdeckte, war das mein erster Gedanke. Ich musste Brock holen, der das Band am Türrahmen aufschnitt. Doch dann gingen wir hinein und … zum Glück erinnere ich mich kaum mehr an den Rest des Nachmittags. Brock rief die Polizei. Sie gibt sich mit Selbstmord als Todesursache zufrieden. Sie hat die Gasleitung gefunden. Aber es gibt keinen Abschiedsbrief, deswegen bin ich mir nicht sicher. Mein Gehirn hört einfach nicht auf, nach Alternativen zu suchen. Aber mir fällt nichts ein, was nicht komplett lächerlich scheint."

„Das verstehe ich sehr gut", sagte Miss Miller. „Hmm. Gas. Vielleicht ein missglückter Versuch eine Art Mesmerismus herbeizuführen?" Natalie schüttelte den Kopf: „Jeff verabscheute diesen Hokuspokus. Er bevorzugte viel mehr die Wirklichkeit."

„Ein wissenschaftliches Experiment?"

„Das würde viel besser zu ihm passen, doch habe ich nichts gesehen, mit dem er experimentieren konnte. Außer sich selbst natürlich. Aber ich glaube nicht, dass er *so* dumm war."
„Vielleicht Pyrotechnik. Wenn er eingeschlafen ist, während er darauf wartete, dass das Gas ein bestimmtes Level erreichte …" Miss Miller verstummte, als ihr ein dunkler Gedanke kam. „Oh Natalie. Es war kein verrücktes Unglück. Jeffrey wurde ermordet."

Wie kommt Miller Miller darauf?

TIPP:
TÜR

19. SKYLARK

Es gibt wirklich nur zwei Möglichkeiten, durchs Leben zu gehen, wenn deine Eltern dich Skylark getauft haben, und Skylark Cole machte ihrem Namen alle Ehre. So frei und auffallend wie das Bild suggeriert, war sie, seit sie sich einen Namen gemacht hatte, eine Quelle heiteren Skandals und Tratsches. Jetzt war sie tot, von einem Messer mitten ins Herz gestochen, in der Garderobe des Peppersmiths, der Lounge Bar, in der sie gesungen hatte.

„Hast du sie je kennengelernt, Olli?" Melanie Rucker arbeitete seit Jahren im Peppersmith und half den Künstlern mit ihren Kostümen und dem Make-Up.

Oliver James schüttelte den Kopf. „Nicht persönlich. Aber ich habe sie ein paar Mal hier gesehen. Sie hatte eine tolle Stimme."

„Sie war eine tolle Person. Total sorglos, aber dabei nie gemein."

„Das habe ich gehört."

„Das ist viel ungewöhnlicher als man denkt, wenn man hier nicht arbeitet. Die meisten Darsteller sind sehr schwierig – sie sind keine bösen Menschen, aber lassen sich von den kleinsten Dingen so schnell verunsichern, und haben panische Angst davor, ihr Talent oder Aussehen zu verlieren. Entweder das, oder sie sind fürchterlich eingebildet und denken, sie kämen direkt hinter Gott. Es muss schrecklich sein, so zu leben, immer am Rande des Abgrunds mit massiven Höhen und Tiefen. Dann gibt es wenige, die einfach verbittert und gehässig sind und denen du nur aus dem Weg gehen kannst. Aber Skylark war anders. Total unschuldig, in vielerlei Hinsicht. Sie machte sich von Natur aus keine Sorgen. Was auch immer passierte, sie lächelte und nahm es an. Nun, bis …"

LEVEL 1

„Es tut mir leid, Mel", bekannte Oliver.
„Danke. Aber mach dir keine Sorgen um mich. Ich stand ihr nicht näher als hunderte anderer Leute. Was für eine Verschwendung."
„Hat die Polizei irgendwelche Spuren?"
„Sie glauben, es war ein besessener Fan oder verschmähter Liebhaber. Sie haben das ganze Gebäude sofort nach ihrer Ankunft durchsucht, aber keine Eindringlinge gefunden. Soweit sie sagen können, hat sie jemand in ihrem Raum überrascht und ist dann durch den Bühnenausgang hinausgegangen. Es ist nicht schwer von hier zu fliehen."
„Nein?"

19. SKYLARK

„Warum guckst du dir den Weg nicht selbst an? Du bist so aufmerksam. Vielleicht findest du etwas, das sie übersehen haben."
Oliver zuckte die Achseln. „Das scheint mir unwahrscheinlich, aber man weiß ja nie."
„Komm, lass uns nachsehen." Melanie zog ihn raus aus dem „Peppersmith" und um die Ecke zum Bühneneingang. Der Flur war nur schwach beleuchtet, und es wäre ein leichtes gewesen, sich an beiden Seiten herauszuschleichen. Sie drückte eine Seitentür auf, führte ihn in den Backstage-Bereich und schloss die Tür hinter sich. Neben der Tür auf einem Hocker saß eine grauhaarige, streng aussehende Frau.
„Julianne", sagte Melanie, „das ist mein Freund Oliver, er ist in Ordnung."
Julianne nickte und wandte sich wieder ihrem Buch zu.
Melanie flüsterte Oliver ins Ohr: „Das Management will, dass jetzt immer jemand hinter der Tür wacht. Das hier ist der einzige

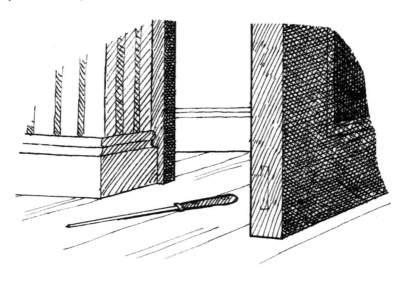

LEVEL 1

Eingang. Die Tatwaffe wurde hier gefunden." Mit der Fußspitze zog sie nur wenige Zentimeter hinter der Tür im Inneren eine Linie. Sie war mindestens dreißig Zentimeter lang. „Es war eine zwanzig Zentimeter-lange Klinge mit perlfarbenem Griff. Schrecklich." Sie nahm ihm beim Arm und führte ihn weiter.

Vom Flur führten mehrere Räume ab sowie eine Treppe nach oben zu einer großen Kostümgarderobe, doch keine Fenster zu den Räumen. Falls niemand zur Tatzeit im Flur oder auf der Treppe war und die Türen geschlossen waren, wäre es ganz einfach gewesen, ungesehen in den Bereich zu gelangen und zu entkommen.

Melanie blieb vor einer Tür stehen, auf der, wie auf einigen anderen, ein kleiner Stern gemalt war. „Sie war hier drin." Flink klopfte sie an der Tür und steckte den Kopf in den Raum: „Niemand da, komm."

Die Garderobe schien ganz harmlos. Ein gut beleuchteter Spiegel hing über einem Schminktisch, auf dem eine Blumenvase stand und Kosmetika und Haarbürsten lagen. Darunter stand ein Stuhl. Der Rest des Raumes wurde von mehreren Kleiderständern aus Metall eingenommen. Der Boden war aus blankem Beton.

„Wir mussten den Teppich herausnehmen", sagte Melanie mit einem leichten Beben in der Stimme. „Du weißt schon."

Oliver nickte. „Wir müssen mit der Polizei sprechen, Mel. Der Mörder ist nicht durch den Flur geflohen. Ich befürchte, es war jemand aus der Bar selbst."

Woher weiß er das?

TIPP:
MESSER

20. DIE GEFANGENE

Rosalyn Reyes wurde drei Tage lang vermisst und wurde nur durch einen glücklichen Zufall gefunden. Andrew Baum war ein leidenschaftlicher Spaziergänger und kannte die ländliche Umgebung wie seine Westentasche. An seinem freien Tag, entschied er sich, eine Wanderung im Eastoner Wald zu machen und wählte einen Weg, den er noch nicht kannte. Nachdem er eine Weile gewandert war, bog er falsch ab und befand sich plötzlich ganz woanders als auf der Karte verzeichnet. Gerade als er zurückgehen wollte, hörte er ein Wimmern. Dem Geräusch folgend, gelangte er auf eine Lichtung, auf der eine klapprige Holzhütte stand. Im Inneren fand er die vermisste junge Frau, unverletzt, aber an einen Pfosten gekettet. Sobald sie in Sicherheit war, startete die Polizei eine Ringfahndung in dem Waldgebiet und wartete. Im Laufe des Nachmittags wurden drei Männer in dem Gebiet verhaftet. Und damit endete die Glückssträhne auch schon.

Miss Reyes konnte überhaupt nichts über ihren Kidnapper sagen. Sie war aufgewacht und realisierte, dass sie angekettet und ihre Augen verbunden waren, und das die ganze Zeit über. Sie konnte ihren Kidnapper also nicht sehen. Außerdem hatte er sie nicht angefasst und nur sehr wenig in gekünsteltem, rauem Flüsterton mit ihr gesprochen. Das in der Hütte gefundene Beweismaterial legte nah, dass er eine Lösegeldforderung für ihre Eltern vorbereitet hatte, doch auch darin fand man nichts, das helfen könnte, den Kidnapper zu identifizieren. Zu guter Letzt gab es nichts, was die drei Verdächtigen in irgendeiner Weise belastete.

Inspektor Parnacki glätte seinen Schnurrbart und zwirbelte nervös an den Spitzen. Er brauchte dringend einen

Hauptverdächtigen, der eine gründliche Untersuchung rechtfertigte. Er beschloss einen Spaziergang zu machen, um seine Gedanken zu ordnen. Er packte eine Pfeife und die Vernehmungsberichte ein und begab sich auf den Weg in den Park. Newton Stevens war ein mittelloser Tagelöhner, der in Easton, wenige Kilometer vom Wald entfernt, wohnte. Sein Vernehmungsprotokoll klang sehr jähzornig. „Natürlich war ich im Wald. Ich bin doch immer Wald. Kaninchen zu jagen is' doch kein Verbrechen, zumindest nicht seitdem ich das letzte Mal nachgeguckt hab'. Ich wollte nach meinen Fallen sehen. Ist doch Freitag heute oder?

20. DIE GEFANGENE

Was sonst soll ich an einem Freitag machen? Nichts, so sieht's aus, seitdem der verdammte Adrian nicht mehr an der verdammten Mauer arbeitet. Hä? Holzhütte? Natürlich lebe ich nicht in einer Holzhütte, du Idiot. Es ist ein Holzhaus und es ist in Easton. Holzhütte genau. Besser ihr lasst mich schnell wieder laufen, oder, Gott helfe mir, das Licht geht weg und ich muss heute Abend gekochtes Grünzeug futtern. Ein Mann kann nicht nur von gekochtem Grünzeug leben. Nicht ohne Kaninchen dazu."

Terence Moss arbeitete in einer Schankwirtschaft in Easton. Sein Vernehmungsprotokoll fing mit dem Satz: „Ich habe nichts gemacht" an. „Sie haben nicht das Recht dazu, einen Mann, der einfach nur spazieren geht, festzunehmen. Wenn Sie in so einer Kneipe wie dem Imperial arbeiten würden, würden sie nachmittags auch gerne Ihre Ruhe haben. Ich weiß nicht, wonach Sie suchen, aber Sie haben den falschen Mann. Kein Opium, kein Haschisch. Ich nehme nichts von dem Zeug. Ich habe nichts mehr gestohlen, seitdem ich zwölf war. Nein, diese Holzhütte erkenne ich nicht wieder. Hab sie noch nie gesehen. Ich weiß noch nich' mal, wo die ist. Hab' die Frau noch nie gesehen. Ich würde mich daran erinnern, wenn jemand wie so eine Frau ins Imperial gekommen wäre. Hören Sie, Sie wissen, wo ich wohne und lebe. Können Sie mich nicht einfach gehen lassen? Ich kann es mir wirklich nicht leisten, diesen Job zu verlieren. Ich habe nichts getan!"

Matthew Bird war ein Servicetechniker bei einer Rohrherstellungsfirma in Easton. „Mein letzter Job ging sehr lange, also entschied ich mich, einen Spaziergang im Wald zu machen und mein mitgebrachtes Mittagessen dort zu essen. Ein Käse-Gurken-Sandwich. Sehr lecker. Ich gehe mittags oft spazieren, wenn der Vormittag anstrengend war. Es tut gut, eine kleine Pause von allem zu machen, wissen Sie? Allerdings wird sich mein Boss nicht wirklich darüber freuen, wie lange das hier dauert. Ich verstehe ja, dass Sie nur Ihre Arbeit machen, aber wir können das sicher schnell hinter uns bringen oder? Wieso machen Sie nicht eine Gegenüberstellung mit mir? Ich würde gerne ... Nun, natürlich helfe ich gerne. Nein, die Holzhütte kommt mir nicht bekannt vor, fürchte ich. Die sieht nicht gerade danach aus, als könnte man dort gut über Dampfleitungsprobleme nachdenken. Nein, ich fürchte, dieses Mädchen kommt mir auch nicht bekannt vor."

Parnacki tippte nachdenklich auf die Pfeife und las die Protokolle erneut. Plötzlich glänzten seine Augen und er drehte wieder um Richtung Polizeistation.

Wer erscheint Parnacki verdächtig und warum?

AUGENBINDE

TIPP:

21. DAS TRINKGELD

Mary Miller schenkte zwei Tassen Tee ein und schob eine davon über den Tisch. Jasmine Hillins nahm sie dankbar an und trank – noch ganz durch den Wind – einen Schluck. „Es hat sich keiner beschwert, verstehen Sie."

„Selbstverständlich", bekräftigte Miss Miller.

„Aber so etwas spricht sich nun einmal herum. Einen Dieb unter dem eigenen Personal zu haben …"

„Erzählen Sie mir doch alles einmal von Anfang an, meine Liebe."

Jasmine seufzte: „Oh Mary, ich will Sie damit nicht belasten."

„Unsinn, das ist das Geringste, was ich tun kann."

„Nun, wenn Sie darauf bestehen … Letzten Samstag gab Hayden eine kleine Party für ein paar Freunde aus dem Club. Wir waren vielleicht insgesamt zwanzig Personen einschließlich der Ehefrauen. Während

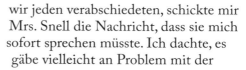

wir jeden verabschiedeten, schickte mir Mrs. Snell die Nachricht, dass sie mich sofort sprechen müsste. Ich dachte, es gäbe vielleicht an Problem mit der Planung des nächsten Tages, aber nein. Sie hat eines der Küchenmädchen, Hailey Johnson, dabei erwischt, wie es in der Küche herumlungerte und einen großen Geldschein in ihre Handtasche steckte. Sie rief das Mädchen zu sich und forderte es auf, ihr die Tasche auszuhändigen. Hailey überreichte sie trotzig und da war der Geldschein. Mehr als ihr Monatsgehalt!"

„Erschreckend", entrüstete sich Miss Miller und unterdrückte die Frage, wie wenig Hayden dem Mädchen zahlte.

„Ganz recht. Ich konnte Hayden natürlich nicht bitten, jeden zu sich zu rufen und zu fragen, ob ihm eine beträchtliche Summe Geld unter unserem Dach gestohlen wurde. Hailey bestand darauf, dass der Geldschein zwischen die Seiten 69 und 70 eines Buches gesteckt worden war, das man auf ihr Tablett gelegt hatte. Sie sagt, sie wisse nicht, wer es war, weil sie damit beschäftigt war, Gläser einzusammeln. Das erbärmliche Mädchen beharrt darauf, dass es ein Geschenk, eine Anerkennung von einem Gentleman war, der nicht dabei gesehen werden

21. DAS TRINKGELD

wollte, wie er ihr etwas kleines zusteckte, während seine Frau in der Nähe war."

„Woher will sie das wissen?"

„Eben! Selbstverständlich traue ich es nicht vielen von Haydens Freunden zu. Ehrlich gesagt, traue ich es keinen von ihnen zu. Lass Männer Männer sein. Aber das ist schon ein sehr großzügiges Geschenk für jemanden, der nur Champagner serviert, wenn Sie verstehen, was ich meine. Da muss mehr dahinter stecken."

„Ja, haben Sie sich das Buch angesehen?"

„Nun, ja. Es ist eine fürchterliche Ausgabe eines Iren, voll von Vampiren, halbnackten Frauen und zwielichtigen osteuropäischen Adligen. Es gehört Hayden. Es ist definitiv Haydens, aber wurde kurz vorher aus dem Bücherregal gestohlen. Darin gibt es keine nützlichen Informationen, sag ich Ihnen."

„Ich verstehe", sagte Miss Miller.

„Hayden hat mit allen gesprochen, er hat sie nicht direkt gefragt, sondern nur, ob sie eine schönen Abend gehabt hätten, solche Dinge, aber niemand schien wegen irgendetwas verärgert zu sein. Sie alle behaupten natürlich, sich wunderbar amüsiert zu haben. Und keiner erwähnte Hailey."

„Leider glaube ich, dass Sie sie beim Wort nehmen müssen, Jasmine. Behalten Sie das Mädchen im Auge, aber wenn niemand etwas sagt, können wir nichts machen."

Nachdem Jasmine gegangen war, verfasste Miss Miller eine kurze Nachricht an Hailey Johnson:

Diesen einen Zuverdienst will ich Ihnen lassen, aber ich beobachte Sie. Bestehlen Sie noch einmal die Hillins oder deren Gäste, dann schleppe ich Sie eigenhändig auf die Polizeistation. Bösewicht.

Sie versiegelte den Umschlag, ordnete an, dass er diskret übermittelt wird, und ging wieder ihren Geschäften nach.

Woher weiß Miss Miller, dass das Geld gestohlen wurde?

TIPP:
BUCH

22. DIE GLASKUGEL

Oliver musste zugeben, dass Alicias Glaskugel recht hübsch aussah. Sie war aus dunkelgrauem Quarz, von ungefähr fünfzehn Zentimeter Durchmesser und natürlich ordentlich poliert. Wie gebannt schauten sie auf die trüben Stellen im Stein, die im Schein der Kerze glitzerten. Allerdings sah es nicht so aus, als verliehen ihre Kräfte der Besitzerin, die, sofort nachdem sie sich gesetzt hatte, mit einem feierlichen „Ta-da" die Kugel aus ihrer Tasche gezogen und vor sich auf ein scheckiges Stück Filz gestellt hatte, die Gabe des Hellsehens.

Adam zuckte bei ihrem Anblick leicht zusammen, aber biss sich auf die Zunge. Er war ein zu höflicher Gastgeber, als dass er sein Entsetzen laut äußern würde. Ronnie verzog das Gesicht, aber sagte auch nichts.

Doch Mia verspürte keine dieser Hemmungen. „Du meine Güte, Alicia. Wirst du uns etwa wieder alle mit deinem Hokuspokus nerven?"

Alicias Augen verformten sich zu Schlitzen: „Ich erwarte nicht, dass du was davon verstehst, meine Liebe. Die Zukunft vorherzusagen, ist eine feine Kunst. Diese Kugel wurde vor dreihundert Jahren für die Wahrsager des Maharaja von Chittagong angefertigt. Sie besitzt delikate Mächte, die nur geübte Wahrsager beherrschen."

Sieht eher nach einer spottbilligen Kugel vom Flohmarkt aus, dachte Oliver bei sich.

Mia schnaubte: „Vielleicht kannst du mal einen Blick hineinwerfen und uns verraten, wie lange deine nervige Mystik-Phase noch dauern wird. Mit dir ist es gerade nicht sehr lustig."

„Ich bin an Lughnasadh erwacht", erklärte Alicia steif, „es gibt kein Zurück mehr."

„Zwei Wochen?", fragte Mia ungläubig, „es kommt mir eher wie zwei Jahre vor."

„Frischen Kaffee?" Adam fuchtelte übertrieben freundlich mit einer Kanne Kaffee herum und schenkte jedem eine Tasse ein. Oliver nutzte den ruhigen Moment. „Erzähl uns mal von deiner Wanderung Adam."

Er lächelte dankbar und erzählte auf höchst unterhaltsame Weise von den Missgeschicken auf seiner Wanderung am vorherigen Wochenende. Danach zeigte er ein Exemplar einer Wildblume, die er mitgebracht hatte, Kira verwickelte Alicia in ein Gespräch über die Kunst der Renaissance, und alles war wieder normal.

Der Nachmittag verlief schließlich angenehm. Adam führte die Gruppe ins Esszimmer, wo er Platten mit kaltem Aufschnitt servierte und dafür sorgte, dass die Gläser immer gefüllt waren. Niemand bewegte sich vom Tisch weg bis es Zeit war zu gehen. Oliver wollte gerade gehen, als ein Wutschrei die Aufmerksamkeit aller wieder in den Salon zog. Da stand Alicia mit wilden, blitzenden Augen.

„Meine Kugel! Meine Kugel ist weg!"

„Ich bin mir sicher, die taucht wieder auf", beruhigte Oliver und versuchte ein Gähnen zu unterdrücken.

„Vielleicht ist sie aufgestiegen ins heilige Reich, um sich mit dem Maharaja zu vereinigen", schlug Mia vor, die hinter ihm stand.

Alicia warf ihr einen bösen Blick zu.

Oliver half Alicia den Salon zu durchsuchen, während er sehnsüchtige Blicke auf die volle Kanne – mittlerweile kalten –

22. DIE GLASKUGEL

Kaffee auf dem Salontisch warf. Keine Spur von der Glaskugel. Dann ging Alicia – höchst verärgert und deutlich machend, dass sie Mia beschuldigte. Wenige Minuten später verabschiedete sich auch Oliver. Er bedankte sich bei Adam für den lustigen Nachmittag und blickte ihn ernst an. „Du gibst ihr die Kugel natürlich zurück."

„Was, ich habe sie nicht –", Adams Aufschrei verpuffte unter Olivers Blick so schnell, wie er gekommen war. „Okay. Natürlich gebe ich sie ihr zurück. Das wollte ich sowieso. Sie war in den letzten Wochen nur einfach so nervtötend, da habe ich mir diesen kleinen Spaß erlaubt."

„Das geht auch vorbei. Erinnerst du dich an ihre Bienen-Phase?"

Adam nickte zerknirscht. „Nur zu gut. Aber woher zum Teufel wusstest du es, Olly?"

Woher wusste Oliver, dass Adam die Glaskugel genommen hat?

Tipp: TISCH

23. DER SEEMANN

Oliver James Vater, Cameron, klopfte ihm herzlich auf die Schulter. „Oliver, schön dich zu sehen. Ich möchte dir Frank Cuevas vorstellen. Er ist der Kapitän des Segelschoners *Emma* aus Dunedin. Damien Walters hat uns gestern Abend im Club vorgestellt. Frank, das ist Oliver, mein ältester. Er wird eines Tages die Firma übernehmen, komme was wolle."

Bei der Vorstellung einer Karriere aus Baumeister unterdrückte Oliver ein Stöhnen, lächelte und sagte: „Freut mich, Kapitän Cuevas."

„Sagen Sie bitte Frank", antwortete der Kapitän.

„Wir sprachen gerade über Ebenholz, Oliver", erklärte Cameron.

„Aha", sagte Oliver.

„Die Nachfrage nach Ebenholzoberflächen ist stets groß, Frank. Ich kann vermutlich alles, was Sie bekommen, gut gebrauchen."

Cuevas lächelte. „Das klingt gut. Niederländisch-Indien ist voll davon. Wussten Sie, dass das Archipel aus über 15.000 verschiedenen Inseln und über 80.000 Kilometer Küste besteht? Die meisten sind nur so groß wie ein Fliegenschiss, natürlich ohne Wert für die Landbewohner, aber als Ganzes formen sie einen außergewöhnlichen Inselteppich. Außerdem sind die Indonesier gute Menschen. Vertrauenswürdig. Also viele Möglichkeiten für einen Geschäftsmann. Mir gefällt dieser Teil der Erde wirklich gut und ich habe dort sehr gute Kontakte."

Oliver nickte. „Sprechen Sie die Sprache?"

„Welche?", lachte Cuevas. „Ich spreche ein wenig Niederländisch und habe bruchstückhafte Kenntnisse in den dortigen indigenen Sprachen, aber es gibt da unten viele verschiedene."

23. DER SEEMANN

„Das kann ich mir vorstellen", sagte Oliver.
„Wenn ich mich recht erinnere, sind Sie kein Neuseeländer, richtig?", sagte Cameron.
„Herrgott, nein. *Emma* ist der Silberfarn, nicht ich. Es ist ein schönes Schiff, stark wie ein Bulle, aber Dunedin ist nicht so meins. Dort leben seine Besitzer. Mein Großvater stammte aus Bilbao, aber ich wuchs in Dublin auf. Allerdings war ich so lange auf dem Meer, dass ich vergessen habe, was Nationalität eigentlich bedeutet. Das Meer ist jetzt meine Heimat."
„Zurück zum Ebenholz", sagte Oliver, „ist es nicht eine sehr lange Seereise von Niederländisch-Indien bis hierher? Sie könnten doch sicher auch irgendwo in der Nähe einen guten Preis bekommen."
Cuevas nickte: „Absolut. Aber dort drüben ist die Nachfrage für Ihr Eisen und Stahl sehr hoch. Also belade ich das Schiff hier mit den Metallen, bringe es nach Niederländisch-Indien und komme mit dem Ebenholz und Gewürzen, die noch Platz haben, zurück. Wertvolles Gut, das Ebenholz."
„Oh ja, das ist es", bestätigte Cameron, „wunderschön. Außergewöhnlich."
„Es klingt, als legten Sie diese Strecke schon länger zurück. Steht nicht schon ein anderer Abnehmer für Ihr Holz in der Schlange?" Oliver fragte Cueva mit einem Lächeln, um nicht zu frech zu klingen.
Cuevas blickte finster drein und seufzte: „Den hatte ich. Leider stellte sich heraus, dass er ein Schuft war. Die Besitzer ließen sich von ihm übers Ohr hauen und verlängerten seinen Dispokredit, so verloren wir zwei volle Ladungen. Er verschwand natürlich. Das ist das Problem mit dem Land. Es ist zu leicht, dort unterzutauchen. Wir alarmierten die Polizei, aber das führte zu nichts. Die interessierten sich nicht dafür, dass eine Firma am anderen Ende der Welt buchstäblich eine Schiffsladung Geld verloren

hatte oder ein Ire darum solch einen Wirbel machte. Deswegen habe ich seitdem strenge Anordnungen. Fünfzig Prozent im Voraus, fünfzig Prozent bei Lieferung."

„Das verstehe ich", sagte Oliver. „Würden Sie uns einen Moment entschuldigen?"

Er zog seinen Vater zur Seite.

Cameron war wenig erfreut über diese Unterbrechung. „Was hast du?"

„Ehrlich gesagt, Papa", seufzte Oliver, „dieser Mann ist genauso Kapitän wie ich."

Warum denkt Oliver, dass Frank Cuevas ein Betrüger ist?

TIPP:
SCHIFF

24. DER VERMISSTE MÖRDER

Inspektor Parnacki sah sich auf dem großen Parkplatz um, während er Pfeife paffte. Der Gegenstand seines Ärgernisses, ein ramponierter LKW, stand mittig auf dem Platz.

„Das ergibt keinen Sinn, Inspektor." Damon Olivers, der ebenfalls auf die Parklücke blickte, war der Nachtarbeiter eines kleinen Lebensmittelladens.

Ohne sich seine Verwirrung anmerken zu lassen, drehte sich Parnacki wieder zu dem Mann um. „Sind Sie sich mit der Reihenfolge der Ereignisse sicher?"

„Ja, natürlich."

„Können Sie sie mir bitte noch einmal der Reihe nach erzählen?"

Olivers nickte: „Ich war gerade beim abendlichen Aufräumen und Reinigen. Normalerweise ist es um die Uhrzeit ruhig, dann wische ich den Boden, fülle die Regale wieder auf, schmeiße schlecht gewordene Lebensmittel weg und so weiter. Ich war dahinten beim Mehl und wischte ein Häufchen Mehl, das aus einem der Pakete gefallen war, weg. Ich hörte einen lauten Knall und alles bebte. Mehlwolken kamen auf mich herunter, da habe ich aber geflucht, das kann ich Ihnen sagen."

„Sicherlich", sagte Parnacki.

„Da hörte ich plötzlich Pfiffe. Ich lief zum Ladeneingang und sah eine riesige Rauchwolke, die den LKW umgab. Die Tür von Berrit's, der Schneiderei, schloss sich gerade. Ich sah ein paar Polizisten herbeirennen. Im Berrit's fielen Schüsse. Ich konnte sie durch die Wände hören. Einer der Polizisten zog eine Waffe und schoss zurück. Dann brach für eine Weile Chaos aus. Viele Schreie, Schüsse und Pfiffe. Mittlerweile versteckte ich mich schon auf dem Boden hinter der Kasse. Den Rest wissen Sie wahrscheinlich von Ihren Männern."

„Genau. Und Sie sind sich sicher, dass es keinen Hinterausgang im Berrit's gibt?"

„Ganz bestimmt nicht. Die Einheiten hier sind alle gleich gebaut. Ein großer Einkaufsbereich, ein kleines Hinterzimmer und ein winziger Pausenraum. Nichts weiter. Der einzige Weg rein oder raus führt durch den Laden. Nun, außer, man reißt eine Wand ein."

Parnacki schüttelte den Kopf. „Es scheint alles heil zu sein."

„Heißt das, wer immer das war, ist davon gekommen?"

„Vielen Dank für Ihre Zeit, Mr. Olivers. Sie waren eine große Hilfe."

Olivers nickte mit einem schiefen Lächeln. „Ich putze noch eine halbe Stunde im Laden, falls Sie mich brauchen, Inspektor. Viel Glück."

Parnacki verließ das Lebensmittelgeschäft und ging hinüber zum LKW. Der Beamte Christopher Coleridge sah ihn

24. DER VERMISSTE MÖRDER

kommen. Er war der erste am Tatort und sah immer noch etwas wackelig auf den Beinen aus.

„Hallo, lange nicht gesehen", begrüßte ihn Coleridge ironisch.

„Guten Abend, Officer Coleridge. Ich weiß, es ist ermüdend, aber könnten Sie die Ereignisse noch ein letztes Mal für mich zusammenfassen?"

„Ich hörte eine Explosion und rannte hier her. Lee war bei mir und ich konnte hören, dass eine andere Streife in der Nähe war. Ich erkannte, dass der LKW ein Banktransporter war und nahm an, dass jemand den Safe aufsprengen wollte, also hielt ich meine Pistole bereit. Als ich mich dem LKW näherte wurde aus der dritten Einheit der Ladenzeile heraus geschossen. Ich schoss zurück. Mehrere Beamte kamen zur Unterstützung. Als deutlich wurde, dass aus der Einheit nicht mehr geschossen wurde, stellten auch wir das Feuer ein und riefen, dass die Waffe auf den Boden gelegt werden sollte. Wir bekamen keine Antwort und so betrat ich nach wenigen Minuten das Geschäft, während ich den Schützen aufforderte sich auf den Boden zu legen. Neben dem Schaufenster lag eine Waffe und der LKW-Fahrer lag hinten im Raum, die Hände in Handschellen, mit dem Kopf weg von der Tür auf dem Boden. Ihm wurde von hinten in den Kopf geschossen. Es gab keine Spur von dem Mörder. Wir haben überall nachgesehen."

„Und es besteht nicht die Möglichkeit, dass er in dem Chaos durch die Vordertür entwischt ist?"

„Nein, Sir. Ich hatte die Tür die ganze Zeit, vom ersten Schuss bis zum Moment, als wir hineingingen, im Auge."

Parnacki nickte: „Ich bin mir sicher, das hatten Sie, Officer. Danke. Ich glaube, ich weiß, wo er ist."

Wo ist der Schütze?

OPFER:
TIPP:

25. DER LETZTE WILLE

Ellie Williams ging es unter den gegebenen Umständen bemerkenswert gut. Den geliebten Ehemann so plötzlich zu verlieren, war schon hart genug für eine Ehefrau, aber dann auch noch zu erfahren, dass sie auf unerklärliche Weise aus dem Testament entfernt wurde, war zusätzlich zu dem peinvollen Schock seines Ablebens eine schmerzliche Beleidigung.

„Es geht mir nicht einmal um das Geld", sagte sie mit Tränen in den Augen.

Miss Miller tätschelte Ellies Hand.

„Ich verstehe es nur nicht! Habe ich etwas falsch gemacht? Ich kann mir nicht vorstellen … Bob schien glücklich. Aber er muss mich gehasst haben!"

„Das glaube ich nicht, Ellie, meine Liebe", sagte Miss Miller. „Niemand könnte Sie hassen."

Ellie schniefte: „Das ist lieb von Ihnen, Mary. Aber anscheinend lief etwas sehr, sehr, sehr schief."

Es war schwierig dem zu widersprechen. Bob Williams erlitt im Schlaf einen Herzinfarkt, kein ungewöhnliches Schicksal für einen wohlgenährten Mann Anfang sechzig. Er war Professor für die deutsche Sprache und Literatur an der städtischen Universität, wo er seit Jahren einen Lehrstuhl innehatte, der ihn bequemlich machte, sodass er auch keiner sportlichen Betätigung nachging. Doch sein Testament war ein Schock gewesen.

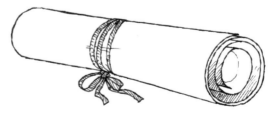

25. DER LETZTE WILLE

Darin stand, dass sein gesamtes Vermögen dem Stadtorchester gespendet werden solle, ohne dass etwas zur Absicherung seiner Frau, mit der er fünfundzwanzig Jahre verheiratet war, übrig blieb. Es ergab kaum Sinn. William gefielen die Aufführungen des Orchesters, aber das war kein Grund, ihm seinen gesamten Besitz zu überschreiben.

„Wo war das Testament aufbewahrt?", fragte Miss Miller.

„In seinem Büro in der Fakultät", erklärte Ellie. „Ich weiß, was Sie als nächstes fragen wollen. Alle möglichen Leute hatten Zugriff darauf, aber es ist Bobs Handschrift. Ich kann es Ihnen zeigen." Sie eilte davon und kam einen kurzen Moment später mit dem Testament in der einen und den Notizen für einen Bericht in der anderen Hand wieder. Die Handschriften stimmten überein und das Testament war ziemlich deutlich.

Ich, Robert Alan Williams,
bei vollstem Verstand und Urteilsvermögen:
Verfasse aus freiem Willen und freien Zügen hiermit meinen letzten Willen und mein Testament, und widerrufe vollständig und explizit alle vorherigen Testamente in allen Punkten.
Hiermit vermache ich meinen gesamten Privatbesitz und das restliche Vermögen, einschließlich der Teile, die nach meinem Ableben darunter fallen könnten, von jetzt an bis in alle Ewigkeit dem Stadtkammerorchester.

Darunter standen das Datum und die Unterschrift. Miss Miller tippte sich nachdenklich ans Kinn. „Ja, ich verstehe, was Sie meinen. Die Handschrift sieht wirklich genau gleich aus. Gab es irgendwelche Anzeichen, dass er … verwirrt war?

Kopfschüttelnd sagte Ellie: „Er war in letzter Zeit etwas erkältet, aber sein Verstand war immer noch messerscharf."

„Erkältet?"

LEVEL 1

„Ach, nur eine Art hartnäckigen Virus. Ein leichtes Unwohlsein. Nichts Ernstes."

„Sie wissen nicht, ob er Feinde hatte, oder?"

Ellie blickte sie überrascht an. „Feinde? Ein Deutschprofessor? Das kann ich mir nur schwer vorstellen. Im akademischen Bereich gibt es viel Missgunst und er hatte Konkurrenten – es warteten immer Leute ungeduldig darauf, dass ein Lehrstuhl frei wurde – aber ich würde keinen davon als Feind bezeichnen."

Miss Miller seufzte und tätschelte erneut Ellies Hand. „Ich fürchte, da liegen Sie falsch, meine Liebe. Das Testament ist eindeutig eine Fälschung und ich befürchte stark, dass Bob ermordet wurde."

Warum glaubt Miss Miller, dass das Testament eine Fälschung ist?

Tipp: *TESTAMENT*

26. DIE WERTVOLLEN FLÖTEN

Inspektor Parnacki war der überzeugten Meinung, dass der Diebstahl bei Reiners Feinen Instrumenten sich zu einem perfekten Timing ereignete, was kein Zufall gewesen sein konnte. Er paffte seine Pfeife und grübelte.

Mathias Reiner, der Geschäftsführer, hat am selben Nachmittag eine Lieferung eines kleinen Pakets von wertvollen goldenen Flöten mit silbernen Tasten entgegen genommen. Fast alle waren vorbestellt und die Lieferung an die Kunden sollte am nächsten Morgen erfolgen, also konnte man sicher behaupten, dass man es auf sie abgesehen hatte. Natürlich hatten die Diebe mehr als nur die Flöten gestohlen. Bargeld von mehreren Tagen zusammen mit mehr oder weniger wertvollen Instrumenten wurden entwendet. Es schien wahrscheinlich, dass die Flöten eingeschmolzen werden würden – eine Aussicht bei der Mr. Reiner fast ohnmächtig wurde.

Der Geschäftsinhaber war versichert, doch deckte die Versicherung so ungewöhnliche Artikel wie diese Flöten nicht ab, wodurch er als Verdächtiger ausgeschlossen werden konnte. Aller Wahrscheinlichkeit nach zerstörte der Dieb Mr. Reiner in finanzieller Sicht. Daher kamen nur vier Leute, die von der Lieferung wussten, infrage.

Richard Pope war Reiners Angestellter. Ein halbprofessioneller Musiker Mitte zwanzig, der fast genauso geschockt wegen der Flöten war, wie Reiner. Pope versuchte seit fast zwei Jahren, eine Stelle als Vollzeitgeiger zu bekommen, aber schien die Arbeit bei Reiners Feine Instrumente in der Zwischenzeit zu mögen. Am vorherigen Abend spielte er in einem kleinen Musikclub am anderen Ende der Stadt und hatte zwanzig Zeugen, die das belegen konnten.

Owen Norton war der Paketzusteller. Die Flöten stammten aus Deutschland und er, Pope und Reiner hatten sich über den Inhalt des Pakets unterhalten, wobei Reiner von der Qualität der Flöten schwärmte. „Ich war gestern Abend bei meiner Schwester", sagte Norton. „Meine Frau und ich besuchen sie jede zweite Woche. Wir aßen einen sehr leckeren Schweinebraten und dann unterhielt uns meine Nichte mit ein paar Liedern, die sie erst kürzlich im Chor gelernt hat. Ich habe nicht mehr von Reiners Flöten gesprochen. Es wäre nicht korrekt so über die Geschäfte von jemandem zu sprechen."

James Harrel war ein Stammkunde bei Reiners Feine Instrumente und war gerade im Geschäft, um Geigensaiten zu kaufen, als die Lieferung kam. „Ja, ich habe gehört, wie Mathias und Richard über die Flöten sprachen. Sie klangen wundervoll, muss ich sagen. Leider nicht mein Bereich. Ich spiele ausschließlich Saiteninstrumente. Gestern Abend? Ich war aus mit Alva, meiner Frau. Gerade spielen sie Macbeth im Avenue – ‚Sei blutig, kühn und fest, lach aller Toren' – wundervolles Stück." Anschließend zeigte er zwei leicht zerknitterte, aber sonst makellose Eintrittskarten für Macbeth vor, auf denen das Datum des vorherigen Abends stand, und zitierte noch mehrere Minuten aus dem Stück.

Schließlich war da noch Manfred Mueller, der Mann, der Reiner die Flöten verkauft hatte. Er lebte in Köln, wo Reiner ihn als junger Mann kennen gelernt hatte. Mueller sprach ein gutes

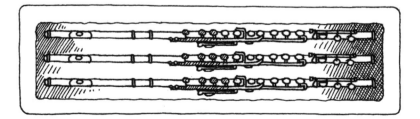

26. DIE WERTVOLLEN FLÖTEN

Englisch, doch auch wenn er die Lieferung hätte stehen wollen, hätte er dies sicherlich in Deutschland getan und wäre nicht heimlich über Landesgrenzen hinweg gereist, um einen alten Freund in den Bankrott zu schicken.

Nein, sagte Parnacki sich, die ganze Sache war lächerlich offensichtlich.

Wen verdächtigt Parnacki des Diebstahls?

TIPP:
ALIBIS

27. DER NARZISST

Inspektor Parnacki tippte nachdenklich mit dem Mundstück seiner Pfeife in die Handinnenfläche. Aiden Pearce war ungewöhnlich unbeliebt, sogar mehr als andere Mordopfer. Als ein absolut narzisstischer Langweiler mit unkontrollierten kriminellen Neigungen, hatte er immer noch gerade so nach dem Gesetz gehandelt, dass die Polizei ihn nie wegen irgendetwas belangen konnte.

Als sie die Nachricht von seinem Tod erhielt, war seine junge Ehefrau – sehr zum Unbehagen des Polizeibeamten – vor Erleichterung in Freudentränen ausgebrochen. Parnacki wollte sie zuerst vernehmen.

Bei ihrem Treffen hatte sich Annabeth Pearce bereits wieder gefasst. Die schlanke Zweiundzwanzigjährige besaß leicht hervorstehende Augen, wodurch sie aussah wie ein fortwährend erschrecktes Reh.

„Ich möchte mich für mein Verhalten von heute Morgen entschuldigen", sagte sie zu ihm. „Ich weiß, es gehört sich nicht, schlecht über die Toten zu sprechen, aber er war ein anstrengender Ehemann und

27. DER NARZISST

neigte oft zu furchteinflößenden Wutausbrüchen. Er hätte mich nie gehen lassen. Als ich die Nachricht erhielt, fühlte es sich an, als wurde meine Seele freigelassen."

Parnacki nickte höflich. „Ich verstehe das. Kennen Sie jemanden, der ihn hätte töten wollen?"

Annabeth lachte verbittert. „Jeder, der mehr als fünf Minuten mit ihm verbrachte?"

„Irgendjemand bestimmtes?"

„Keiner mehr als andere", sagte sie. „Nicht, dass ich wüsste."

„Ich bin mir sicher, Sie verstehen, dass ich fragen muss, wo Sie heute Morgen zwischen 7 Uhr 30 und 8 Uhr 30 waren?"

Sie nickte. „Ich war auf dem Markt einkaufen. Jeden Morgen musste alles frisch eingekauft werden, falls er zum Mittagessen nach Hause kam. Das Gleiche dann noch mal am Nachmittag, fürs Abendessen. Ich habe immer so viel wegschmeißen müssen. Ich gehe täglich zu mehreren Marktständen, die können Ihnen bestätigen, dass ich dort war."

Michael Solis, Aidens Angestellter, war Anfang dreißig. Er sah misstrauisch und müde aus, mit blasser Haut und vorzeitigem Haarausfall.

„Ja, ich fand die Leiche", erzählte Solis Parnacki. „Pearce kam immer vor 7 Uhr 30. Wir anderen hatten die strikte Anweisung, nicht vor 8 Uhr 30 einzutreffen, da er morgens gerne eine Stunde nur für sich arbeitete. Ich wusste sofort, dass er tot war. Er lag zusammengesackt mit dem Kopf auf dem Schreibtisch und alles war voller Blut."

Parnacki nickte. „Können Sie sich vorstellen, wer Mr. Pearce ermorden wollte?"

„Er war ein egozentrischer Betrüger und Tyrann", sagte Solis. „Generell keine beliebten Eigenschaften und schon gar nicht bei einem ignoranten Händler. Ich persönlich habe ihn verabscheut, aber sein Tod kommt mir ungelegen – jetzt muss ich einen neuen

Job finden. Ich war wie immer bis 8 Uhr 10 zuhause mit meiner Verlobten und kam dann direkt hierher."

Anthony Steward war Pearces Buchhalter. Er war groß, schlank, ein paar Jahre älter als Solis und hatte etwas von einem Bibliothekar. Er sprach in einem scharfen, wie getrimmten Akzent. „Sie müssen wissen, dass ich fast nichts über Mr. Pearces Geschäfte weiß", sagte Steward.

„Er hatte eine Art Decke der Verschleierung auf alles gelegt, damit keiner seiner Untergebenen an Informationen gelangte, um ihn betrügen zu können. Es ist wirklich schade. Ich hätte gerne einen Blick auf das Ladungsverzeichnis geworfen, an dem er gerade arbeitete."

„Also fällt Ihnen niemand ein, der Mr. Pearces Feind war?"

„Ich fürchte nicht, nein. Wo er hinging, hinterließ er viele unglückliche Personen. Was mich betrifft, ich war bis 8 Uhr 20 zuhause und kam hier um 8 Uhr 45 an, wie meine Frau bezeugen kann."

Der letzte Angestellte, Noah Parham, war der Junior-Office-Manager. Er war jung, muskulös und kompensierte seinen niedrigen Bildungsstand mit einer herzlichen Fröhlichkeit. Er schien absolut unbekümmert von den morgendlichen Ereignissen. „Irgendjemand hat den alten Hund nun also

27. DER NARZISST

drangekriegt", sagte er. „Es war klar, dass das früher oder später passiert. Er war nicht sehr nett."

„Irgendeine Idee, wer?", fragte Parnacki.

„Gott, nein. Das könnte wirklich jeder gewesen sein. Aber niemand hat ihm in letzter Zeit öffentlich gedroht, soweit ich weiß."

„Und wo waren Sie ab 7 Uhr 30 heute Morgen?"

„Bei den Docks", sagte Parham. „Ich habe ein Paket ausgeliefert. Das können Ihnen viele bestätigen."

Als Parham gegangen war, lehnte Parnacki sich auf dem Stuhl zurück. „Klar und deutlich", sagte er zu sich selbst.

Wen verdächtigt Parnacki?

TIPP: PAPIERKRAM

28. PRICES FEHLER

Meistens gibt es gute Gründe, warum Testamente geheim bleiben, dachte Inspektor Parnacki. Benjamin Price hatte seine Familie zusammengetrommelt, um sie darüber zu informieren, dass er sein Testament ändern lassen wolle. Genauer gesagt, informierte er jeden einzeln darüber, wie viel er oder sie laut des aktuellen Testaments erben würde, und gab ihnen dann Zeit bis zum nächsten Morgen, um ihm zu sagen, ob sie mit der Summe einverstanden wären oder nicht. Falls ihm die Antwort nicht gefiele, würde er den Betrag stattdessen an ein örtliches Katzenheim spenden, das sich um Straßenkatzen kümmerte.

Innerhalb von neunzig Minuten war er tot. Getötet hatte ihn ein starker Giftcocktail. Am nächsten Morgen waren die Hinterbliebenen immer noch in unterschiedlichen Stadien des Schocks. Parnacki verhörte als erstes Prices Geschäftspartner Shane Massey. Er war ein paar Jahre jünger als Price und war auf dessen expliziten Wunsch hin ebenfalls zu dem Familientreffen erschienen.

„Ich habe versucht, es ihm auszureden", erzählte Massey Parnacki traurig, „aber er wollte sie unbedingt in Verlegenheit bringen. Ich frage mich die ganze Zeit, was gewesen wäre, wenn ich mehr … Aber Ben wollte ihre Gesichter sehen, wissen Sie? Sie hatten keine Ahnung, dass der Test total egal war, denn er hatte sowieso schon beschlossen, alles den Katzen zu vermachen. Er wollte nur sehen, wie sie sich drehen und winden und versuchen würden, ihren Anspruch zu rechtfertigen, und das alte Testament dann vor ihren Augen zerreißen. Ein etwas unwürdiger Drang vielleicht, aber er hat dafür jetzt einen hohen Preis bezahlt. Er war mir ein guter Freund und ich werde ihn vermissen. Ich blieb bis zum Ende des Treffens, aber anschließend verließ ich es sofort

28. PRICES FEHLER

und ging in den Club. Ich blieb bis Mitternacht dort. Es war alles ein bisschen viel für mich."

Sharon Price war Bens dritte Ehefrau. Sie war ungefähr dreißig Jahre jünger als er und verkraftete die Ereignisse des vorherigen Abends sehr schlecht. „Ich verstehe es einfach nicht", sagte sie. „Ich liebte Ben. Wieso würde er mir so etwas antun wollen? Ist das alles nur ein schlechter Scherz? Was passiert jetzt mit mir?" Inspektor Parnacki gab ihr nach und nach zu verstehen, dass er keine Antworten auf diese Art von Fragen hatte und schaffte es, sie wieder zu den Details des Abends zu lenken. „Ich hatte keine Ahnung, worum es in dem Treffen gehen sollte", sagte sie. „Dann ließ er die Bombe platzen und ließ uns allein. Ich glaube, ich bin nur einmal kurz von meinem Stuhl aufgestanden, bis Casey kam und rief, dass Ben tot sei. Das war kurz nach neun. Alison, das Dienstmädchen war dort, falls wir etwas brauchten, und blieb bei mir. Die anderen kamen und gingen, außer Mr. Massey, der sich verabschiedet hatte, kurz bevor Ben das Treffen beendete. Casey blieb eine Weile bei mir. Er ist wirklich sehr nett."

Casey Price war Bens Sohn mit seiner ersten Ehefrau. Er war nur wenige Jahre jünger als Sharon und lebte in einer prächtigen Stadtwohnung.

„Arbeit? Ich würde sagen, ich bin ein Kunstliebhaber, Inspektor. Ich habe eine Leidenschaft für Schönheit. Ja, ich fühlte mich von Vaters Verkündung vor den Kopf gestoßen. Er war ein seltsamer Vogel, immer bereit für skurrile und berechnende Gemeinheiten. Ein bisschen wie diese verdammten Katzen. Ich bezweifle stark, dass ich eine aussagekräftige Antwort zu dem alten Kauz geben kann – außer dieser. Ein paar Sorgen mache ich mir, vielleicht. Ich muss wahrscheinlich mit einem Kumpel sprechen und mir eine Arbeit suchen. Ziemlich nervig. Nach der Rede meines Vaters sind Bianca und ich in den Billardraum gegangen. Wir haben Neuigkeiten aus unserem Leben ausgetauscht. Der Diener war dort, denke ich. Jedenfalls wollte sie sich einen Snack aus der Küche holen. Ich ging zurück in die Bibliothek, um nachzusehen, wie es der armen Sharon ging. Sie ist sehr hübsch, nicht wahr? Wie ein Porzellanengel. Ich setzte mich eine Weile zu ihr, aber sie war ziemlich neben der Spur. Als ich nach Vater sehen wollte, fand ich ihn tot vor."

Bianca Connors war Caseys Schwester. Sie war zwei Jahre jünger als ihr Bruder und mit dem Sohn eines Papierfabrik-Barons verheiratet. „Er war ein gemeiner, alter Halunke", sagte sie. „Ich habe ihn nie gemocht und werde ihn ganz sicher nicht vermissen. Eigentlich bin ich sogar froh, dass er tot ist. Er interessierte

28. PRICES FEHLER

sich nur für mich, wenn er mal wieder meine Gefühle verletzen wollte. Nachdem er seinen albernen Auftritt beendet hatte und schwankend davon ging, unterhielt ich mich mit Casey im Billardzimmer. Dann schaute ich kurz in der Küche vorbei, wo ich ein paar Gläser Sherry mit Mrs. Reynolds, der Köchin, trank. Sie war schon immer die normalste Person in diesem verrückten Irrenhaus."

Danach machte Inspektor Parnacki einen Spaziergang im dekorativen Rosengarten, wo er seine Pfeife rauchte und über die Besonderheiten des Falls grübelte. Er war gerade zehn Minuten im Garten, als ein Beamter eilig mit einem Bericht in der Hand angelaufen kam. Die Analysen ergaben, dass Price das Gift etwa drei Stunden vor seinem Tod zu sich genommen hat.

Sofort heiterte sich Parnackis Stimmung auf. „Das erklärt alles ganz wunderbar", sagte er.

Wen verdächtigt Parnacki des Mordes?

Tipp:
TIMING

29. ABSONDERLICHES

Oliver James und Rory Hays hatten sich in einem Kurs über die italienische Architektur der Renaissancezeit kennengelernt und waren seitdem gute Freunde, weswegen es nichts Ungewöhnliches war, dass Rory ihn nachmittags zu sich einlud. Was jedoch verwunderlich schien, war Rorys Anliegen, Oliver solle auf, wie er sich ausdrückte, „sonderbare Dinge" achten.

Oliver hatte sich eine Weile mit Rory und dessen Verlobten Sabrina unterhalten, als es an der Tür klingelte.

„Ah, gut", sagte Rory und ging zur Tür. Kurz danach kam er mit einem großen, gediegenen Mann Mitte zwanzig zurück. „Kier, ich möchte Ihnen meine Verlobte, Sabrina Firman, und meinen guten Freund aus Studienzeiten, Oliver James, vorstellen. Wir lernten uns in einem Kurs über die Renaissance-Baukunst im Nordosten Italiens kennen. Sabrina, Olli, das ist Kier Jones. Wir arbeiten jetzt seit sechs Monaten zusammen. Er ist ein Technikgenie. Vielleicht sogar ein Zauberer."

„Rory übertreibt", sagte Kier. „Ich freue mich, Sie beide kennenzulernen."

Sabrina lächelte. „Ich glaube, wir haben uns im Sommer kurz in Ihrem Büro getroffen, Mr. Jones. Rory hat mir die Modelle für das Crown-Projekt gezeigt."

„Ah, ja, das kann gut sein", sagte Kier. „Bitte verzeihen Sie, ich war damals etwas abgelenkt."

„Du hast dich darüber geärgert, wie viel Schiefer wir benötigten, wenn ich mich richtig erinnere", sagte Rory.

Kier lachte und nickte: „Wir brauchten schrecklich viel von dem Zeug. Sind Sie auch Architekt, Mr. James?"

29. ABSONDERLICHES

„Nennen Sie mich bitte Oliver. Und ja, so gut es geht. Ich mache gerade die ganze Design-Arbeit für meinen Vater, aber es gibt noch viele andere Aufgaben, die er mir aufdrängen will."

„Ich hole den Kaffee", sagte Sabrina. Sie erhob sich anmutig und verließ den Raum.

„Ich verstehe Ihr Dilemma", sagte Kier zu Oliver. „Mein Vater und ich sind auch nicht ganz einer Meinung. Er hätte gerne, dass ich bereits verheiratet bin und ihm Enkel schenke. Aber ich verstehe die Eile nicht."

„Eltern sind dazu da, uns das Leben schwer zu machen", sagte Rory. „Sobald die Phase vorüber ist, in der sie uns schrecklich blamieren, natürlich. Einmal tauchte mein Vater in der Schule

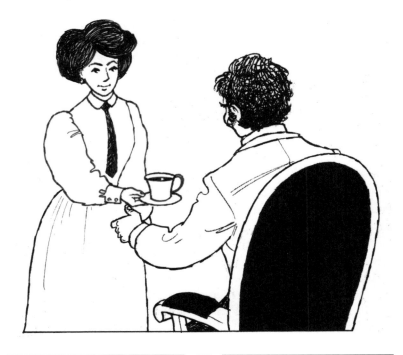

mit einer Spielzeugente auf, die ich zuhause vergessen hatte – natürlich mit Absicht. Er kam ganz heiter mit dem verdammten Ding in der Hand in den Klassenraum spaziert und machte damit Quakgeräusche. Quakend kam er direkt zu meinem Sitzplatz und übergab mir feierlich wie ein König, der jemanden zum Ritter schlug, die Ente. Dann machte er auf dem Absatz kehrt und marschierte wieder hinaus. Ich war damals sieben. Wie ihr euch sicher vorstellen könnt, quakten mich die anderen Schüler ohne Unterlass noch ein Jahr später an."

„Kein Wunder, dass du heute so bist", sagte Sabrina, die mit einem Tablett in den Händen zurückkam. „Ein verrückter Vogel."

„Ich bin nicht verrückt, verdammt!", rief Rory einen Wutanfall vortäuschend. „Ich werde immer missverstanden."

Oliver klopfte ihm auf die Schulter „Sie versteht dich nur zu gut, alter Kumpel."

Grinsend sagte Sabrina: „Oliver, wie trinkst du deinen Kaffee nochmal?"

„Mit etwas Sahne, danke."

„Natürlich." Sie schenkte ein und reichte ihm und den anderen beiden den Kaffee. „Ich dachte das war's, aber man kann nie vorsichtig genug sein."

„Ich wünschte, das hätte mal jemand meinem Vater gesagt", sagte Rory. „Ich halte es bis heute nicht aus mit einer Ente in einem Raum eingeschlossen zu sein."

„War das jemals ein Nachteil?" Kier sah Rory neugierig an.

„Nein", sagte Rory, „eigentlich nie. Ich tummele mich nicht in Entenliebhaber-Kreisen herum, aber ich gebe die Hoffnung nicht auf."

„Ich sehe, was ich tun kann", sagte Oliver. „Ich kenne einen Kerl, der Stockenten züchtet. Ich wage zu behaupte, er würde mir einen Raum voll von diesen Biestern zur Verfügung stellen, um dich hineinzuwerfen."

29. ABSONDERLICHES

Rory knurrte: „Et tu Brute?"
Wenige ausgelassene Stunden später führte Rory Oliver zur Tür. „Also –", begann er.
„Lass mich raten", sagte Oliver leise. „Du verdächtigst Sabrina und Kier eine Affäre zu haben?"
Rory, plötzlich unglücklich, nickte.
„Ich wäre sehr überrascht, nur nebenbei bemerkt, wenn einer von beiden dir das antäte. Beide lieben dich sehr. Aber – und ich möchte betonen, dass das auch ganz harmlos sein könnte – sie kennt ihn gut und versucht das verzweifelt zu verbergen."

Wie kommt Oliver zu diesem Schluss?

Tipp:
ETIKETTE

30. DER GÄRTNER

Ian Page wurde irgendwann am Samstagnachmittag ermordet. Seine Tochter, Hannah, war mit den Kindern zum Mittagessen bei ihm und fuhr gegen 15 Uhr wieder weg. Er wurde kurz nach 19 Uhr von einem alten Freund, Atticus Glenn, gefunden – da war er bereits zwei Stunden tot. Keiner der Besucher war verdächtig. Glenn spielte den ganzen Nachmittag zusammen mit drei anderen Männern Golf. Hannah war direkt von Page zu ihrer Schwester Ellie gefahren, und verbrachte den Rest des Tages mit der Familie.

Inspektor Parnacki klopfte sich nachdenklich mit dem Mundstück der Pfeife an die Unterlippe.

30. DER GÄRTNER

Page lebte seitdem seine Frau vor etwa acht Jahren verstorben war alleine. Er besaß ein bescheidenes Häuschen in einem Vorort der Stadt und verbrachte die meiste Zeit in seinem Garten. Der Rasen vor dem Haus endete mit großen, hübsch angelegten Blumenbeeten, die von einer hohen, dunklen, ordentlich gestutzten Hecke umsäumt wurden. Eine kleine Fontäne sprudelte Wasser in einen gut gepflegten Zierteich. Das hintere Grundstück wurde hauptsächlich für Gemüse genutzt – Reihen von Bohnen, Tomaten und Beeren. Es gab auch ein kleines Gewächshaus, das aussah, als würde darin eher Gemüse gezüchtet, als dass dort exotische Pflanzen gehalten wurden.

Im Inneren des Hauses war es gemütlich und aufgeräumt und überall stand Nippes herum, der keinen Wert für die Allgemeinheit hatte. Page wurde in der Stube, scheinbar von hinten, mit einer gewöhnlichen Gartenschaufel erschlagen. Soweit Inspektor Parnacki herausfinden konnte, hatte Page keine nennenswerten Schulden, kein Vermögen und auch keine Geldanlagen oder ähnliches, die für jemanden von Interesse wären. Seine Töchter beschrieben ihn als unabhängig und ruhig, und dass ihm sein Haus und Garten genügten.

Parnacki spazierte nachdenklich durch den vorderen Garten, als er die Pforte hörte. Er erblickte einen Polizisten, gefolgt von einem kahlköpfigen, gut gekleideten Mann Mitte sechzig. Die beiden kamen auf ihn zu.

„Inspektor, Sie sollten mit diesem Herrn sprechen. Er hat gestern vielleicht jemanden gesehen!" Der Polizist schien aufgeregt.

Parnackis Laune verbesserte sich schlagartig. „Danke." Er wandte sich dem Mann zu. „Mein Name ist Parnacki. Ich ermittele im Fall von Mr. Pages Tod."

LEVEL 1

„Mein Name ist Sam Moody. Ich wohne nebenan, Hausnummer 56."
„Kannten Sie Mr. Page gut?"
„Nicht besonders", sagte Moody. „Ian und ich grüßten uns und kamen gut miteinander aus, aber wir waren nicht befreundet. Er war von der ruhigen Sorte. Lieber allein."
„Ich verstehe", sagte Parnacki. „Und was haben Sie gestern beobachtet?"
„Gestern Nachmittag wollte ich Milch besorgen. Kurz bevor ich meine Gartenpforte erreichte, sah ich, wie ein Mann über Ians Rasen lief. Er trug einen Spaten, also nahm ich an, dass Ian Hilfe beim Umbuddeln brauchte, doch irgendetwas an der Art, wie er ging, machte mich stutzig. Ich beobachtete, wie er zur Haustür ging und hineinschlüpfte. Deswegen kann ich mich noch so gut an ihn erinnern. Kaum älter als zwanzig, mit einem brutalen Gesichtszug. Kein Bart, verdrießlicher Blick und ein Feuermal auf der linken Wange. Er trug eine einfache Hose und ein cremefarbenes Hemd. Oh, und eine Cappy. Er sah aus, wie jemand, der harte körperliche Arbeit gewohnt ist."
„Erinnern Sie sich daran, wie die Cappy aussah?
„Sie war grell kariert. Sehr auffällig, ja."
Parnacki nickte. „Das wäre sie tatsächlich. Herr Kollege, bitte nehmen Sie Mr. Moody wegen des Verdachts auf Mordes an Ian Page fest."

Warum verdächtigt Parnacki Moody?

TIPP:
GARTEN

31. DER EINBRUCH

„Ich weiß nicht, was ich Ihnen sagen soll, Mr. James." Arlen Meier arbeitete seit drei Jahren für Olivers Vater und kümmerte sich um die Lagerräume. „Ich fühle mich schrecklich."

Der Dieb hatte ein Loch in die dünne Holzdecke gebohrt, um in einen der Räume zu gelangen, und hatte sich mit einer großen Menge Silberverzierungen aus dem Staub gemacht. Oliver seufzte. „Am besten, du erzählst von Anfang an, Arlen."

„Ich machte gerade meine Runde, als ich etwas im Metallraum klappern hörte. Ich ging hinein und sah gerade noch zwei Füße, die durch ein Loch in der Decke verschwanden. Ich sah, dass er sich an dem Silber zu schaffen gemacht hatte. Ich bahnte mir so gut es ging einen Weg zum Loch, aber ich habe nichts gesehen. Als ich endlich draußen war, war er schon lange weg. Ich hätte selbst versuchen können in die Dachsparren zu klettern, aber dafür bin ich nicht gemacht."

Oliver nickte. Es war schon schwer sich vorzustellen, wie Arlen Meier sich durch ein Fenster quetschte, geschweige denn ein Loch in der Decke. „Woher wusste er, dass hier drinnen das Silber lag? War es nicht eingepackt?"

Meier nickte traurig: „Natürlich, Mr. James. Es war alles in dem blauen Papier, das Ihr Vater so gerne mag, verpackt. Entweder wusste er, wonach er suchte, oder er hatte einfach Glück. Er hatte ein paar Paletten geöffnet bis er das Silber fand. Aber die Jungs vom Lieferdienst kennen die Räumlichkeiten hier sehr gut, und derjenige, der das Silber geliefert hat, könnte diesen Raum problemlos wiederfinden."

„Vorher haben Sie nichts gehört?"

„Es tut mir wirklich leid, nein. Ich war vorne und trank eine Tasse Tee. Es war den ganzen Tag niemand da. Von der Straße hörte ich den Verkehrslärm. Er musste abgewartet haben, bis ein lautes Fahrzeug vorbeifuhr und das Holz dann durchgeschnitten haben. Man kann von Glück reden, dass ich noch einen kurzen Blick auf ihn erhaschen konnte."

„Ja, das stimmt", sagte Oliver. „Wir werfen Ihnen ganz sicher nicht vor, dass Sie nicht überall gleichzeitig sind. Ich sollte einen Blick in den Metallraum werfen."

„Natürlich"

Meier begleitete Oliver zu dem geplünderten Raum. Es war ein einziges Durcheinander. Mindestens ein Dutzend Planen waren aufgerissen und Fetzen davon und dicke Bänder lagen überall verteilt. In der Mitte des Raumes, unter das klaffende Loch in der Decke, war ein hoher Stapel von Kisten geschoben worden. Holzstücke und Sägespäne bedeckten den ganzen Raum und

31. DER EINBRUCH

alles darin. Mehrere der Paletten wurden angefasst, aber scheinbar nur das Silber gestohlen.

„Er muss ein starker Kerl gewesen sein, wenn er sich mit so viel Silber aus dem Staub gemacht hat", sagte Oliver.

„Das denke ich auch", sagte Arlen. „Vielleicht ist er mehrmals gelaufen."

„Ja, so muss es wohl gewesen sein." Oliver fegte den Teppich aus Staub und Splittern ab, zog sich hoch auf den Stapel Kisten, und steckte den Kopf durch das Loch. Er sah nichts außer dem dunklen, leeren Raum zwischen der Decke und der Dachschräge. Er sprang wieder auf den Boden und klopfte sich den Staub ab.

„Okay, Arlen. Lass es uns noch einmal durchgehen und dieses Mal versuchst du es bitte mal mit der Wahrheit."

Warum glaubt Oliver, dass Arlen lügt?

TIPP:
BODEN

32. DER UHRMACHER

Uhrmacher J.L. Jennings gehörte seit mehr als zehn Jahren zum festen Stadtbild. Der alte Mr. Jennings war ein Perfektionist und Gewohnheitstier, wie man es eben von einem Mann erwartet, der mit Uhren arbeitete. Miss Miller kam für gewöhnlich morgens um fünf vor elf auf dem Weg zum wöchentlichen Mittagessen mit den Mitgliedern des Ornithologenverbands an seinem Laden vorbei. Er saß dann ausnahmslos an dem Schreibtisch vor dem Fenster und beugte sich über irgendeine Art von Mechanismus. Selten kam es auch vor, dass er an einem Gehäuse arbeitete. Sie guckte immer ins Fenster und wenn sich ihre Blicke trafen, nickten sie sich zu. Deswegen war sie überrascht und etwas beunruhigt, als sie an jenem Morgen bemerkte, dass Jennings nicht an seinem üblichen Platz saß. Da sie nicht in Eile war, betrat Miss Miller den Laden. Über ihr klingelte eine Türglocke.

„Einen Moment", ertönte eine Stimme von hinten einem Vorhang. Nicht einmal eine Minute später erschien ein junger Mann Mitte dreißig und richtete sein Jackett.

„Sie sind nicht Mr. Jennings", sagte Miss Miller.

32. DER UHRMACHER

„Nein", sagte der Mann. „Nun, ich meine, eigentlich schon, nur nicht der, den Sie kennen. Eli Jennings. Freut mich, Sie kennenzulernen."

„Mary Miller", sagte Miss Miller, „gleichfalls. Geht es Mr. Jennings gut?"

„Oh ja", sagte Eli, „Onkel Nick geht es gut. Fit wie ein Turnschuh. Ich vertrete ihn heute Morgen. Er ist los, um Gläser für ein Set Reiseuhren zu kaufen."

„Ich verstehe", sagte Miss Miller. „Helfen Sie ihm oft aus?"

„Gelegentlich, aber das macht mir nichts aus. Ich freue mich zu helfen. Dafür ist die Familie doch da, nicht wahr?"

„Ganz genau."

„Möchten Sie persönlich mit ihm sprechen?"

„Oh nein. Ich war nur um sein Wohlbefinden besorgt. Jeder hier kennt ihn, wenn Sie verstehen, was ich meine."

Eli lächelte. „Allerdings. Nun, da Sie schon einmal hier sind, Onkel Nick hat gerade etwas sehr Kostbares im Bestand. Eine Vintage-Tischuhr mit einem exquisiten Perlmuttgehäuse. So eine vornehme Dame wie Sie wird sie sehr entzückend finden, denke ich."

Miss Miller spürte, wie sich eine Augenbraue heben wollte, versuchte es zu unterdrücken. „Nun, ich kann ja zumindest mal einen Blick drauf werfen."

Eli führte Sie an einen Tisch am Ende des Tresens. Darauf standen mehrere Uhren, darunter auch das besagte Stück. Es war wirklich ein wunderschönes Schmuckstück. Das

LEVEL 1

elegante Gehäuse, das reizvoll schimmerte, war tatsächlich ein Blickfang. Die Zeiger schienen aus Gold, doch deren Enden aus Gagat oder Basalt zu sein, damit sie sich deutlich vom Glas und Zifferblatt abhoben. Der Rest des Gehäuses bestand aus einer Mischung aus Gold und Kristall, das den Blick auf das Innenleben der Uhr freigab.

„Es ist ganz sicher ein hübsches Stück", sagte sie ihm, „aber ich bin mir nicht sicher, ob ich –"

Er nannte einen Preis, der höchstens fünfzig Prozent des reellen Wertes der Uhr entsprach. „Sie würden Onkel Nick einen Gefallen tun", sagte er. „Die Einnahme wäre sehr hilfreich heute Morgen."

„Ich befürchte, das geht nicht", antwortete Miss Miller. „Ich muss jetzt zu meinem Mittagessen."

„Natürlich", sagte Eli enttäuscht. „Es war mir eine Ehre. Ich werde Onkel Nick von Ihrem Besuch berichten, sobald er zurück ist."

„Danke", antwortete sie.

Sobald sie draußen war, schaute Miss Miller sich auf der Straße um. Als sie einen Polizisten weggehen sah, hastete sie zu ihm herüber und rief nach ihm, als sie sich näherte.

„Polizei, Polizei! Ich befürchte, bei Jennings Uhrmacher geht gerade etwas Schreckliches vor sich. Bitte beeilen Sie sich!"

Warum macht sich Miss Miller Sorgen?

Tipp:
NEFFE

33. DIE FRAU DES VERTRETERS

Im Morgenlicht waren die Fußspuren auf dem nassen Boden leicht zu erkennen. Die Abdrücke von schweren Schuhen Größe 46 führten von der dem Grundstück gegenüberliegenden Straßenseite zu einem Baumstumpf, verteilten sich darum herum und bildeten dann eine gerade Linie zur Haustür, wo sie auf den Steinweg von der Gartenpforte trafen und aufhörten. Inspektor Parnacki folgte ihnen vorsichtig, die Spuren nicht berührend, sodass sie sich nicht mit seinen eigenen Fußspuren vermischten. Der Ersatzschlüssel der Haustür lag im Inneren des Baumstumpfes versteckt. Pfeife paffend ging er zurück zum Haus.

Douglas Chatman, der Ehemann des Opfers, stand auf der Eingangstreppe. Normalerweise mittelgroß, sah er jetzt klein und geschrumpft aus, und hatte einen fahlen Teint.

„Man sagte mir, sie waren gestern Abend nicht in der Stadt, Sir?", fragte ihn Parnacki.

Nickend sagte Chatman: „Ja, ich bin Vertreter und arbeite in der Region. Das heißt, ich bin viel unterwegs. Melina gefiel es nicht, dass ich so oft weg war, aber es gab keine anderen Optionen. Wenn ich einen anderen Job gefunden hätte ..." Er unterdrückte ein Schluchzen. „Gestern war ich in Soutton. Ich habe natürlich Belege dafür. Ich hätte mich mehr beeilen sollen nach Hause zu kommen. Wenn ich hier gewesen wäre, wäre sie jetzt vielleicht noch am Leben."

„Ich finde es hilft, wenn man sich rückblickend keine Vorwürfe macht", sagte Parnacki einfühlsam. „Vielleicht wären Sie sonst beide umgekommen."

Chatman erschauderte.

„In Ihrer ersten Aussage vermuteten Sie, dass der Mörder den Ersatzschlüssel benutzt haben muss."

„Ja", sagte Chatman. „Das Haus war abgeschlossen, als ich kam. Es gab keine sichtbaren Einbruchspuren und Mellys Schlüssel waren in ihrer Handtasche. Wir haben den Ersatzschlüssel nie herumgezeigt, aber uns auch nicht die größte Mühe gegeben, ihn zu verstecken. Lieber Gott, waren wir dumm."

„Es gibt keine anderen Schlüssel?"

„Nein, nur meinen, Mellys und den Ersatzschlüssel. Wir benutzten ihn ziemlich oft. Wenn Melly mit ihrer Handtasche rausging – um nur kurz eine Freundin zu treffen oder so etwas – dann nutzte sie einfach den Ersatzschlüssel. Jeder, der das Haus beobachtet hat, könnte von ihm wissen."

„Sind Sie sich da wirklich sicher?"

„Natürlich", sagte Chatman.

Parnacki nickte. „Haben Sie Freunden oder der Familie von dem Schlüssel erzählt?"

„Nur Mellys Eltern."

„Ich verstehe", sagte Inspektor Parnacki. „Können Sie sich einen Grund vorstellen, warum jemand Ihre Frau umbringen wollte?"

33. DIE FRAU DES VERTRETERS

Chatman schüttelte den Kopf: „Absolut nicht. Sie war eine reizende Frau, charmant und offen. Das letzte Jahr war sehr schwer für sie, aber sie hatte viele Freunde und soweit ich weiß, keine einzige Konkurrentin oder Rivalin. Es muss ein verrückter Irrer gewesen sein. Jemand anderes kann ich mir nicht vorstellen."

„Unangenehme Gestalten gibt es ganz sicher zuhauf auf dieser Welt", sagte Parnacki. „Doch in diesem Fall müssen wir keinem Mörder mit Schuhgröße 46 hinterherjagen."

„Nein?", fragte Chatman verwundert.

„Nein. Douglas Chatman, ich fürchte, ich muss Sie bitten, mich auf die Polizeistation zu begleiten."

Warum verdächtigt Parnacki Chatman?

TIPP: DER BAUMSTUMPF

34. UNTER VERDACHT

Miss Miller lächelte. „Wie schön, Sie wieder zu sehen, Mr. Hendricks. Was führt Sie zu mir?"

Clayton Hendricks strich sich nervös den Bart glatt. „Nach der schrecklichen Mattingley-Geschichte ... Ich stecke in Schwierigkeiten, Miss Miller, und ich hatte gehofft, Sie könnten mir vielleicht helfen. Ich habe nichts getan, das schwöre ich."

„Ich helfe Ihnen gerne, wenn ich kann. Setzen Sie sich doch. Möchten Sie einen Tee? Kusch, Aubrey!" Sie scheuchte die Katze vom Stuhl und klingelte nach dem Dienstmädchen, das eine Kanne Tee bringen sollte.

„Erzählen Sie mir doch erst einmal, was für ein Problem Sie haben."

„Danke", sagte Hendricks dankbar. „Hatte ich erwähnt, dass ich Holzhändler bin?"

„Ja, in der Augustausgabe der Ornithologenverbandszeitschrift vor vier Jahren."

Hendricks blinzelte. „Ah, gut. Also, ich lieferte das Holz für ein Bauprojekt nicht weit von der Stadt entfernt. Das Lawrence-Projekt."

Miss Miller nickte.

„Vor zwei Tagen war ich dort, um die nächste Lieferung mit dem Bauleiter zu besprechen. Sie warten schon seit über einer Woche auf Material und es sieht so aus, als wird es noch länger dauern. Als ich ankam, waren sie gerade dabei, Schutzplanen über das Gerüst zu legen, da für heute Abend ein Sturm vorhergesagt wird. Ich kann ihnen zwar mit bestimmten Materialien helfen, doch sie brauchen mehr als nur Holz. Mehrere Zulieferer sind abgesprungen, deswegen stecken sie jetzt in der Klemme. Doch

34. UNTER VERDACHT

während ich dort war, hat jemand die gesamten Pläne aus dem Büro gestohlen. Der leitende Architekt ist außer sich vor Wut, wie Sie sich vorstellen können. Ein Zeuge beschuldigt mich als den Dieb, und auch wenn sie keine Strafanzeige erstatten, drohen sie, mich finanziell zu ruinieren. Ich habe noch nie im Leben irgendetwas gestohlen. Aber es steht Aussage gegen Aussage. Ich weiß nicht, was ich tun soll. Können Sie mir einen Rat geben?"

„Hm, das klingt in der Tat furchtbar. Können Sie mir genau erklären, was passiert ist?"

Laut Clayton war das Bauprojekt noch nicht sehr weit fortgeschritten. Das Fundament war gelegt worden und das Holzgerüst stand, aber nicht mehr. „Bis jetzt handelt es sich nur um das Hausgerüst", sagte er.

Er hatte auf der Baustelle neben dem Lager geparkt und verbrachte ein paar Minuten mit dem Entladen der Lieferung. Dann hatte er ein Meeting mit dem Bauleiter, den er schließlich im Pausenraum der Bauarbeiter angetroffen hatte.

„War er allein dort?", fragte Miss Miller.

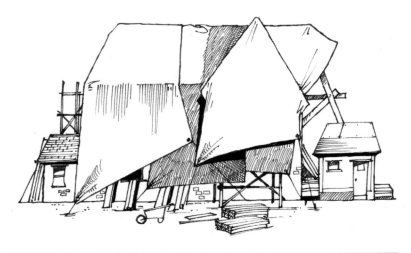

LEVEL 1

„Gott, nein", sagte Clayton. „Es müssen ungefähr zwölf Bauarbeiter da gewesen sein. Es war zu voll, um über das Geschäftliche zu sprechen. Wir gingen hinaus, in Richtung eines seitlichen Büros, das auf der gegenüberliegenden Seite des Gerüsts lag. Sie haben dort ganz hübsche Eichelhäher, frech wie Oskar. Ich ging ins Büro, wo wir einen neuen Lieferungsvertrag ausarbeiteten. Dann gingen wir wieder. Der Bauleiter machte sich wieder an die Arbeit und ich ging nach Hause."

„Hm", meinte Miss Miller, „und ich nehme an, jemand behauptet etwas anderes?"

„Einer der Bauarbeiter. Er sagt, er sei gerade auf den Weg in den Pausenraum gewesen, als er sah, wie der Bauleiter und ich aus dem Seitenbüro kamen. Als der Bauleiter außer Sicht war, ging ich angeblich kurz zurück ins Büro und kam wieder heraus, während ich mir etwas unter das Hemd schob. Also sah er nach, entdeckte, dass die Pläne fehlten und alarmierte den Bauleiter."

Plötzlich lächelte Miss Miller: „Das ist ganz wunderbar."

Clayton sah sie verunsichert an: „Aha, und warum?"

„Wir können sofort zum Bauleiter gehen und Sie entlasten. Ich nehme an, er wird die Polizei rufen wollen."

Was hat Miss Miller entdeckt?

Tipp: LINIE

35. BLINDE PANIK

Walter Mitchell war eindeutig in Eile, als er sich anzog. Der Gürtel seiner Hose war zu, der Knopf auf, den Pullover hatte er links und falsch herum an und die Schnürsenkel waren offen. Doch die Eile rettete ihn trotzdem nicht. Er starb in einer engen, ruhigen Straße um 20 Uhr 23 durch einen Schuss ins Herz. Die Schusswaffe wurde nur wenige Meter von seiner Leiche entfernt gefunden, achtlos weggeworfen. Der Pistolenschuss war so laut, dass er die Aufmerksamkeit mehrerer Zeugen und potentieller Verdächtiger erregte, die zur Vernehmung von Inspektor Parnacki vorgeladen wurden.

Der erste Zeuge war Maxim Davidson, ein Schlachterlehrling Anfang zwanzig. Er war gerade nach einem langen Arbeitstag auf dem Weg nach Hause, als er das Opfer sah. „Er rannte, als wäre ihm der Teufel persönlich auf den Fersen", erzählte Davidson, „was wahrscheinlich der Fall war. Er hat mich fast überrannt, als ich in die Straße abbog. Ich stolperte zurück und er rannte ohne ein Wort der Entschuldigung weiter. Als ich den Schuss hörte, dachte ich sofort an das blöde Etikett am Pullover, das in der Entfernung verschwand. Da waren noch ein paar andere Leute, ein großer Kerl, der irisch aussah, und ein kleiner, ordentlicher Gentleman."

Patrick Carey war Bauarbeiter und war bis kurz vor der Tatzeit in einer Kneipe in der Nachbarschaft gewesen. Er war ein großer, hartgesottener Mann Mitte dreißig, kräftig, zeigte aber anfängliche Verwahrlosung. „Ja, ich habe einen Schuss gehört", sagte er zu Parnacki. „Ich hatte schon ein paar Gläser intus, und da schien es mir eine gute Idee, mal nachzusehen. Wegen derselben Gläser drehte sich jedoch alles vor meinen Augen, sodass ich mir auf dem Weg zum Opfer Zeit ließ. Als ich endlich ankam, war einer Ihrer Männer schon da und beugte sich über die Leiche. Nicht weit lag eine Pistole. Schrecklich. Nein, ich habe niemand anderes auf dem Weg gesehen. Jedenfalls, habe ich niemanden bemerkt. Ich war ziemlich abgelenkt."

Braden Miles, ein Geschäftsmann, war auf dem Weg von einem Freund nach Hause. Er war immer noch sichtlich erschüttert und spielte nervös mit seiner Krawatte. „Ich war etwas weiter entfernt, aber ja, ich habe beobachtet, wie es passiert ist. Gütiger Gott. Ich bin mir nicht sicher, was meine Aufmerksamkeit erregte, aber ich blickte mich um und sah in der Ferne, wie jemand auf jemand anderen zu taumelte und stehen blieb. Dann hörte

35. BLINDE PANIK

ich einen scharfen Schuss und die erste Person sackte zu Boden. Die zweite Person eilte sofort weiter die Straße herunter, eilig, aber ohne zu rennen, wenn Sie verstehen. Ich hatte einen Schock, fürchte ich. Es war eindeutig, was passiert war, aber ich war zu durcheinander, als dass ich hinging, um zu sehen, ob das Opfer noch eine Chance hatte. Ich stand einfach da. Das nächste, an das ich mich erinnere, sind die Pfiffe und einer von Ihren Beamten, der mit mir sprach. Ich wünschte, ich könnte Ihnen mehr sagen, aber ich bin mir noch nicht einmal sicher, ob es sich wirklich um zwei Männer handelte, geschweige denn wie sie aussahen und so weiter."

Destiny Chavez arbeitete als Kellnerin in einem Café in der Straße, in der Mitchell ermordet wurde. Sie war Anfang zwanzig und putzte zur Tatzeit die Tische. „Ja, ich habe den Schuss gehört. Kurz vorher sah ich einen Typen am Fenster vorbei hasten. Er sah ziemlich zerzaust aus, deswegen erinnere ich mich noch an ihn. Keine zwei Minuten später hörte ich den Schuss. Ich wusste, dass ihr Jungs bei mir vorbeikommen würdet, deswegen blieb ich nach dem Putzen noch länger. Und dann kam auch schon bald ein Beamte und fragte, ob ich etwas gehört oder gesehen hätte. Nun, das war's, was ich gesehen und gehört habe. Ich hoffe, das hilft Ihnen irgendwie weiter."

Nachdem er mit den Verhören fertig war, lächelte Parnacki zufrieden. „Erinnern Sie mich daran, den Beamten am Tatort zu gratulieren", sagte er zu seinem Mitarbeiter. „Wir hatten den Mörder da schon."

Wen verdächtigt Parnacki und warum?

TIPP: KLEIDUNG

36. DAS BAUMWOLLFEUER

„Es ist eine Katastrophe, Olly." Benjamin Avila sah müde aus und unter seinen Fingernägeln waren immer noch Aschereste. „Das Feuer hat einen großen Vorrat zerstört. Ich befinde mich in einer heiklen Situation und die Versicherung will nicht zahlen, falls bewiesen werden kann, dass die Ursache für das Unglück vermeidbar gewesen wäre."

Oliver blickte ihn mitfühlend an: „Hast du eine Idee, wie das passiert sein konnte?"

„Einer der Schneider war da drinnen, ein Kerl namens Darman. Er sagt, dass der Türroller sich bis auf das Metall abgenutzt hatte, und als er die Tür aufschob, fuhr es am Stein entlang und entzündete Funken. Einige Funken landeten dann in einem Bündel Baumwolle, das in der Nähe lag, und alles ging in Flammen auf. Er versuchte noch das Feuer auszutreten, aber es verbreitete sich zu schnell. Er musste da raus."

„Ich verstehe."

Benjamin nickte. „Ich verstehe wirklich nicht, wie das passieren konnte, aber es klingt sehr vermeidbar, was bedeutet, dass ich in großen Schwierigkeiten stecke. Ich würde dich niemals um etwas Illegales bitten, das weißt du. Aber du hast einen Blick fürs Detail und wenn die Geschichten, die du mir erzählst, wahr sind, dann hast du auch ein gutes Gespür für Unrecht. Es ist nicht so, dass ich Darman nicht vertraue, aber … nun, er ist noch nicht so lange bei uns, und seit kurzem herrscht in der Branche ein ruinöser Wettbewerb, der mir neu ist. Wenn es meine Schuld ist, die Tür nicht gewartet zu haben, gut, okay, dann nehme ich das auf meine Kappe. Könntest du nur einmal schauen, ob da nichts anderes dahintersteckt?"

36. DAS BAUMWOLLFEUER

„Natürlich, Benji. Ich sehe mich gerne einmal um."

Benjamin verschwand kurz und kam dann mit einem ordentlich gekleideten Mann Ende zwanzig mit guter Figur zurück. „Mr. Darman, das ist Oliver James. Er hilft mir mit dem Bericht für die Versicherung. Oliver, das ist Ryder H. Darman, der Schneider, der zum Zeitpunkt des Feuers in der Stoffhalle war."

„Freut mich, Sie kennenzulernen, Mr. Darman", sagte Oliver, als sie sich die Hände schüttelten. „Können Sie mir erzählen, was passiert ist?"

„Gerne, Sir. Die Tür zur Stoffhalle machte ungefähr seit zwei Wochen ein ungesundes, kratzendes Geräusch. Ich dachte mir, das läge an den Scharnieren, also beachtete ich es nicht weiter. Ich wollte Seide aus der Halle holen und als ich hineinging, kratzte die Tür beim Aufschieben fürchterlich. Ich blickte nach unten und sah auf dem Boden Funken. Plötzlich landeten sie in der rohen Baumwolle, welche wie ein Feuerball entbrannte. Ich

LEVEL 1

versuchte noch es zu löschen, aber es verbreitete sich bereits. Ich konnte nur noch weglaufen."

Oliver kratzte sich kurz am Kinn. „Ich verstehe. Vielen Dank." Benjamin nickte und Darman ging zurück an seinen Platz.

„Dann lass uns jetzt die Tür anschauen", sagte Oliver.

„Hier entlang", sagte Benjamin verdrossen.

Als sie in die Stoffhalle gelangten, sah Oliver das ganze Ausmaß der Zerstörung. Die Halle war zu zwei Dritteln leer und an den Wänden und auf dem Beton waren noch die Brandspuren zu sehen. Es gab keine losen Vorräte mehr im Raum, nur ein paar große Säcke. Die Tür hatte sichtlich unter dem Feuer gelitten und sich verzogen. Sie war immer noch schwarz von Ruß.

Oliver kniete sich hin, um einen Blick auf die Rollen zu werfen. Ihre gesamte Beschichtung war verbrannt, sodass nur noch die nackte Bronze übrig war. Es war unmöglich zu erraten, in welchem Zustand sie vorher war. Die Schiene, auf der sie rollten, war aus nacktem Beton, direkt in den Boden geschnitten. Er kam wieder hoch und drückte leicht gegen die Tür. Sie ließ sich immer noch schieben, doch quietschte sie fürchterlich.

„War es normal, dass die Baumwolle so nah an der Tür lag?"

„Nicht ungewöhnlich", antwortete Benjamin. „Ich hatte nicht darüber nachgedacht, sie weiter weg zu lagern und wir haben nicht genug Raum, um die unterschiedlichen Stoffe getrennt zu lagern. Die Mengen sind von Woche zu Woche unterschiedlich", seufzte er. „Die Fakten sind eindeutig. Ich glaube, ich muss den Tatsachen ins Auge blicken."

„Ganz und gar nicht", sagte Oliver. „Du solltest die Polizei rufen."

Warum tippt Oliver auf Brandstiftung?

TÜR

TIPP:

37. EINE UNABHÄNGIGE FRAU

Als die Polizisten auf Drängen ihrer Freunde Elizabeth Miles Haustür aufbrachen, entdeckten sie sie tot am Treppenaufgang liegend – das Genick gebrochen. Einziges Indiz war, dass sie beim Heruntergehen gestürzt war. Sie schien seit sechsunddreißig Stunden, also Freitagabend, tot zu sein.

„Parnacki? Von Ihnen habe ich doch schon gehört?", fragte Anya Day, Mrs. Miles Teilzeitputzfrau.

„Möglich", antwortete Parnacki „aber –"

„Ja, ich bin mir sicher. Sie sind der, den man Paddington nennt."

„Könnten wir zurück zu Mrs. Miles kommen?"

„Oh, natürlich. Mrs. Miles war sehr stolz und unabhängig. Ich kam drei Tage die Woche, montags, mittwochs und freitags. Sie wurde ein bisschen gebrechlich, aber hielt das Haus fast picobello sauber. Ehrlich gesagt, hatte ich nie viel zu tun, aber ich glaube, sie mochte meine Gesellschaft. Ihre Kinder kamen fast nie zu Besuch. Als ich am Freitagnachmittag ging, ging es ihr gut. Wie ist sie gestorben? Ich hoffe, nicht zu schrecklich. Sie war sehr nett – für eine wohlhabende Dame, wissen Sie."

„Es ging ganz schnell", sagte Parnacki in einem beruhigenden Ton.

„Zumindest darüber bin ich froh", sagte Mrs. Day, „genauso wie mein Reg. Ich habe ihm immer die Geschichten erzählt, die Mrs. Miles mir erzählt hatte."

„Ja?"

„Aus ihrer Jugend, als junge, frisch verheiratete Frau in Indien. Ja, erst am Freitag habe ich meinem Mann die Geschichte von ihrem Ehemann und den Tigern erzählt. Sie waren sehr

abenteuerlich, sie und ihr Mann. Er muss sehr gut ausgesehen haben."

„Ich verstehe", sagte Mr. Parnacki. „Vielen Dank für Ihre Zeit."

Briony Marley war Elizabeth Miles Tochter. Sie war Ende dreißig und schien eher genervt als traurig. Nachdem er sich vorgestellt hatte, fragte Inspektor Parnacki: „Standen Sie Ihrer Mutter nahe?"

Marley schnitt eine Grimasse und seufze: „Nicht wirklich, Inspektor. Meine Mutter hatte viele gute Eigenschaften und war

37. EINE UNABHÄNGIGE FRAU

sehr beliebt, aber als Mutter war sie sehr schwierig. Sie hat sich nie viel Mühe mit meinem Bruder und mir gegeben. Stattdessen wurden wir an eine Reihe von Kinderfrauen und Babysitter abgeschoben. Nach dem Tod unseres Vaters sahen wir sie fast nie. Für meine Kinder interessierte sie sich etwas mehr. Sie werden traurig sein, dass ihre Oma tot ist. Aber sie wurde alt. Das war nur eine Frage der Zeit."

„Wie für uns alle. Fällt Ihnen jemand ein, der einen Grund hatte, Ihrer Mutter etwas Böses zu wollen?"

Bei der Frage blickte sie Parnacki erschrocken an: „Wurde sie ermordet? Ihr Mitarbeiter reagierte ziemlich ausweichend, was die Todesursache meiner Mutter angeht." Sie runzelte vorwurfsvoll die Stirn.

„Ich möchte nur alle Möglichkeiten in Betracht ziehen", sagte Parnacki freundlich.

„Ich dachte, so etwas können sie anhand dessen, wie sie gestorben ist, sagen", antwortete sie eindeutig skeptisch. „In Ordnung, ich weiß, dass Sie das fragen müssen. Ich kann mir nicht vorstellen, dass irgendjemand meine Mutter umbringen wollte, nein. Sie war nicht so eine Sorte Frau."

Easton Miles war Elizabeths zweites Kind. Ein wenig erfolgreicher Geschäftsmann Anfang vierzig, der sich bereits in den verschiedensten Geschäftsbereichen betätigt hatte. Sein Anzug war zum Zeitpunkt des Erwerbs sichtlich teuer gewesen und er

LEVEL 1

hatte den Habitus eines arroganten, selbstbewussten Mannes, der typisch für Menschen mit komfortablem Wohlstand ist.

„Es ist eine schreckliche Wendung der Ereignisse", sagte er zu Parnacki. „Sie war so dickköpfig. Ich wollte, dass sie jemanden in Vollzeit einstellte, der ihr im Haus half, aber davon wollte sie nichts hören. Sie war der festen Überzeugung, dass sie fit wie ein Turnschuh sei. Sie fand meinen Vorschlag unwürdig. Jetzt wünschte ich, ich hätte mehr auf sie eingeredet. Ich werde sie sehr vermissen."

Parnacki nickte. „Standen Sie sich nahe?"

„Absolut. Sie war eine tolle Frau, so voller Leben und Energie. Der Gedanke, dass sie tot unten an der Treppe lag, gebrochen– ist fast nicht auszuhalten. Ich befürchtete immer, dass sie eines Tages stürzen würde. Sie war nicht mehr so sicher auf den Beinen. Aber sie hätte eher den Kopf in einen Krokodilschlund gesteckt als einen Gehstock zu benutzen. Ich glaube, das hat sie sogar wirklich getan. Die Sache mit dem Krokodil, meine ich."

„Wissen Sie, ob sie Feinde hatte?"

„Feinde? Sehr unwahrscheinlich. Vielleicht eine oder zwei neidische Hennen in ihrem sozialen Umkreis. Aber in diesen Kreisen war sie eher reizend und freundlich, statt gehässig."

Nachdem Easton wieder gegangen war, suchte Parnacki den Beamten auf, der die Leiche gefunden hatte.

„Sie müssen zurück zum Haus der Miles fahren, Bradley. Ich bin mir fast sicher, dass es sich um einen Tatort handelt."

Warum glaubt Parnacki, dass Elizabeth Miles ermordet wurde?

Tipp:
SICHERHEIT.

38. DIE DREI GLOBEN

Abel Kinnison führte eines der besseren Pfandleihhäuser der Stadt – auch wenn das nicht sehr schwer war – und Inspektor Parnacki mochte ihn. Sein Geschäft, Die drei Globen, wurde ausgeraubt und es fehlten eine bedeutende Summe Geld, Inventar und mehrere extrem wertvolle Ringe. Der Mann stand vor dem Ruin. Die Ermittlungen führten zu keinen Ergebnissen und Parnacki war neugierig.

„Erzählen Sie mir von dem Dieb", sagte er zu Kinnison.

„Stehen die ganzen Informationen nicht in den Akten?" Kinnison war korpulent, hatte dünnes Haar und blickte bedröppelt drein. „Ich habe alles bereits zwei Kommissaren erzählt."

„Ich würde es lieber von Ihnen hören. Vielleicht haben meine Kollegen in den Berichten etwas vergessen."

Kinnisons Mine verdüsterte sich, bevor er anfing, die Ereignisse ein drittes Mal an dem Tag zu erzählen.

„Nun, wie immer verließ ich den Laden als Letzter, verschloss alle Schubladen und Fensterläden und schaltete den Alarm ein. Ich mache das jeden Abend in einer bestimmten Reihenfolge, damit ich keinen Schritt vergesse. Das war um 18 Uhr. Ich wohne direkt gegenüber über dem Teegeschäft. Um 20 Uhr 15 ging der Alarm an dem Abend los. Ich ging ans Fenster und sah, dass die Tür offenstand. Ich rannte die Treppe herunter und über die Straße. Dann bleib ich stehen, denn der Dieb musste immer noch im Laden sein und was, wenn er bewaffnet war? Kurz darauf kam ein Polizist angelaufen und ich erklärte ihm die Situation. Er sagte, es sei gut, dass ich draußen geblieben war, und ging in den Laden. Als er wieder herauskam, sagte er, dass das Geschäft geplündert worden sei, er aber niemanden darin gesehen habe. Es gibt aber nur diesen Ausgang aus dem Laden."

„Hm", sagte Parnacki, „in welchem Zustand haben Sie den Laden vorgefunden?"

„Puh, der Dieb hat mindestens zwanzig Schubladen aufgebrochen und den Inhalt mitgenommen. Alle Ringe, Ketten, Armbänder und Broschen, einfach alles. Er hat auch den Safe aufgebrochen und das ganze Bargeld und eine Reihe Pfandpapiere gestohlen. Viele davon befinden sich immer noch innerhalb der Anleihefrist. Ich schulde den Besitzern den vollen Betrag. Es ist die absolute Katastrophe."

„Wie lange, denken Sie, dauert es, so einen Schaden anzurichten?"

„Ich habe die Schlüssel stets bei mir." Kinnison klopfte gegen seine ausgebeulte Jackentasche, in der es klimperte. „Mit einem

38. DIE DREI GLOBEN

Brecheisen vielleicht weniger als eine halbe Minute pro Schublade. Der Safe muss mindestens eine Viertelstunde gedauert haben. Alles in allem also vielleicht eine halbe Stunde. Aber dieser Kerl hat es anscheinend in verfluchten dreißig Sekunden geschafft."

„Wie viele Angestellten beschäftigen Sie?"

„Drei. David Graves bedient die Kunden, Jack Horton kümmert sich um das Inventar und Julian Rooney hilft mir mit den Wertermittlungen und der Buchhaltung."

„Und wo waren sie am besagten Tag?"

„Es passierte letzten Dienstag. Jack hatte sich den halben Tag frei genommen. Ich gewährte ihn ihm und er war schon weg, als ich nach dem Mittagessen ins Geschäft kam. David überlässt mir die Kasse um 17 Uhr 30 für die letzte halbe Stunde. Ich glaube, er sagte beim Gehen etwas von Schweinebraten. Julian war mit den Monatseinnahmen beschäftigt und ging um 18 Uhr, als ich die Tür hinter ihm abschloss. Dann, wie ich Ihnen bereits gesagt habe, machte ich die Kasse, schloss alles ab und ging nach Hause."

Parnacki nickte. „Sie haben mir sehr geholfen, Mr. Kinnison. Ich denke es war jemand von Ihren Mitarbeitern."

Kinnison blickte ihn verdutzt an. „Was? Wie?"

Wer ist der Dieb und wie ist er vorgegangen?

Tipp:
TIMING

39. ST. PETERS KIRCHE

Alice Jensen war eines der aktivsten Mitglieder des Frauenkomitees der St. Peters Kirche. Sie hatte schon beim Sonntagsunterricht, zu dem Oliver gegangen war, mitgeholfen, spielte Klavier und passte auf die Kinder auf. Obwohl er sie schon lange kannte, gehörte sie nicht zu Olivers engeren sozialen Umfeld, weswegen er auch etwas überrascht war, als sie plötzlich durchgefroren und sichtlich verzweifelt vor seiner Haustür stand.
„Mrs. Jensen! Was für eine Freude. Bitte, kommen Sie herein."
Etwas blass um die Nase, lächelte sie ihn an. „Vielen Dank, Oliver, mein Lieber. Ich komme gerne herein, aber ich muss Sie warnen, denn ‚Freude' ist nicht das richtige Wort für meinen Besuch.
„Oh", sagte er nervös.
Nachdem Oliver sie mit einer Tasse Tee und einem Teller an den Kamin gesetzt hatte, erklärte sie ihm den Grund für ihren Besuch.
„Ich fürchte sehr, dass ich Gebrauch von Ihrem guten Charakter machen muss", sagte Mrs. Jensen zu ihm.
„Selbstverständlich", antwortete Oliver verwundert.
„Es ist mir zu Ohren gekommen, dass Sie bereits mehreren Leuten, die sich in einer bestimmten Bredouille befanden, geduldig geholfen haben. Ich fürchte, dass auch ich mich jetzt in einer solchen misslichen Lage befinde und wäre Ihnen sehr dankbar für Ihren kompetenten Rat in dieser Situation. Sollten Sie in der Lage sein, mir diesen zu geben."
Oliver versuchte sich einen Reim auf ihre kurze Rede zu machen und nickte dann. „Ich habe einen guten Blick fürs Detail. Wie kann ich Ihnen helfen?"

39. ST. PETERS KIRCHE

„St. Peters wurde auf die schlimmste Weise beraubt – und man beschuldigt mich!"

„Sie? Was ist denn passiert?"

Mrs. Jensen seufzte. „Sie erinnern sich an das Heilige Buch, das seinen Ehrenplatz auf unserer Kanzel hat?"

„Natürlich", sagte Oliver.

Die Bibel war der stolze Besitz der Kirche. Sie war gut einen Meter hoch und fünfundvierzig Zentimeter breit. Sie stammte aus dem 17. Jahrhundert und enthielt handgemalte, wunderschöne Letter, Verschnörkelungen und mehrere Drucke von Schutzengeln.

„Irgendein teuflischer Schuft hat ihn verschandelt. Ein Dutzend der schönsten Drucke wurden herausgeschnitten und sind verschwunden. Unter meiner Aufsicht! Pastor Barnett entdeckte die Schändung am Samstagabend, als er den Sonntagsgottesdienst vorbereitete. Zur Mittagszeit bei der Taufe war sie definitiv noch heil. In der Zwischenzeit war ich dort, habe aufgeräumt und geputzt, die ganze Zeit." Sie verstummte und sah äußerst niedergeschlagen aus.

„Waren Sie den ganzen Nachmittag über im Hauptschiff?"

„Ja! Nun, fast. Wenn jemand, den ich nicht kenne, zum Beten kommt, räume ich draußen auf, um der Person etwas Privatsphäre zu lassen."

LEVEL 1

„Dann muss der Dieb einer der Besucher gewesen sein", sagte Oliver.
Sie legte eine kurze Pause zum Nachdenken ein. „Nein, niemand verstümmelt und zerstückelt ein Kunstwerk, das er oder sie soeben gestohlen hat", sagte sie in einem objektiven Ton. „Das ergibt einfach keinen Sinn. Ich habe niemanden mit einem Bastel- oder Aktenkoffer, einer Tasche oder sogar einem Mantel gesehen, da es ja so warm war. Ich sah, wie sie gegangen sind, während ich darauf wartete, wieder hineingehen zu können. Niemand ist mit gestohlenen Drucken unterm Arm herausgestürmt. Den Polizisten tat es auch leid, aber sie waren nicht sehr optimistisch. Ich fühle mich schrecklich, Oliver. Ich konnte ihnen die verdächtige Person nicht einmal beschreiben."
„Ich verstehe. Erinnern Sie sich an die Besucher an diesem Nachmittag?"
„Nun, ja. Isabella Louis, Nicole Wesleyan, ein frisch verheiratetes Paar, ein wackeliger alter Mann mit Gehstock, armer Mr. Early, und eine Frau in einem hellen Kleid."
„Armer Mr. Early?"
„Ja, er ist nicht mehr derselbe, seit seine Penelope gestorben ist. Er wird immer seltsamer."
„Aha … und kann es sein, dass sich jemand die Drucke unter den Klamotten versteckt hat?"
„Absolut nicht. Ich habe nichts dergleichen bemerkt. Niemand hat dafür entsprechend dicke Kleidung getragen."
„Nun, dann haben wir Ihren Verdächtigen, Mrs. Jensen."

Wen meint Oliver?

TIPP:
VERSTECK

40. DER BRÄUTIGAM

An seinem eigenen Hochzeitstag ermordet zu werden, hat etwas Makabres an sich, dachte Inspektor Parnacki. Das Opfer, Joseph McNeill, wurde durch einen harten Schlag auf den Hinterkopf am Morgen seines Hochzeitstages getötet. Die Leiche wurde sitzend im Stuhl in seinem Zimmer gefunden, komplett angezogen und mit einer frischen, pinken Rose als Anstecksträußchen.

Einziges Zeichen der Unordnung war eine kleine Blutspur an der Wand neben der Tür. Nirgends eine Spur der Tatwaffe.

McNeill und seine engsten Freunde – der Trauzeuge und die Platzanweiser – hatten am Abend zuvor im Empire Hotel gefeiert. Der Hotelmanager hatte Parnacki liebend gern ein Zimmer für seine Befragungen zur Verfügung gestellt. Die Braut und ihre Freundinnen feierten im Grand auf der anderen Seite der Kirche nahe des Empires.

„Wir fangen mit der Party des Bräutigams an", sagte Parnacki zu seinem neuen Kollegen – ein frisch beförderter Kommissar namens Raul Venegas. Venegas nickte energisch. „Der Trauzeuge heißt Keith Milton. Ich rufe ihn herein."

Milton war ein gutaussehender Mann Mitte zwanzig. Er trug immer noch sein Hochzeitsoutfit, einen dunklen Cutaway mit einer silberfarbenen Weste und Krawatte und einem strahlend weißen Hemd. Er war sehr blass und schien wie benommen. Parnacki begrüßte ihn freundlich und befragte ihn zu den Ereignissen am Morgen.

„Sie haben mir gesagt, dass Joe tot ist", sagte er. „Ich kann es immer noch nicht glauben."

„Hatte Joe Feinde?", fragte Parnacki.

„Natürlich nicht. Das ist so ein melodramatisches Wort. Wer hat denn Feinde?"

„Dann eben Konkurrenten. War jemand wütend auf ihn?"

Milton schüttelte den Kopf. „Nein, das hätte er mir erzählt." Er schauderte. „Aber wahrscheinlich war da doch jemand. Nur, dass ich nichts von ihm weiß. Er war Versicherungsmathematiker. Kein Typ, der Mörder anzieht."

„Wie war der Ablauf heute Morgen?"

„Wir haben uns alle um 7 Uhr 30 zum Frühstück getroffen – Joe, Parker, Gage und ich. Wir haben gestern Abend ein wenig getrunken, daher hatten ein paar von uns Kopfschmerzen, aber nichts schlimmes. Gegen 8 Uhr 15 gingen wir dann alle wieder in unsere Zimmer, um uns fertig zu machen. Um 10 Uhr traf ich wie verabredet Gage und Parker unten,

40. DER BRÄUTIGAM

doch Joe war nicht dort. Um 10 Uhr 15 ging Gage nach oben, um nach ihm zu sehen und er ... er fand seine Leiche."
„Sie waren von 8 Uhr 15 bis 10 Uhr in Ihrem Zimmer?"
„Natürlich, aber ich weiß nicht, wie ich das beweisen soll. Jeder hatte sein eigenes Zimmer. Ich holte mir gegen 8 Uhr 45 etwas Eis, aber sah niemanden und sagte auch den Jungs nicht Bescheid."
„Das ist erst einmal alles", sagte Parnacki. „Danke, Mr. Milton."
Als nächstes kam Parker Newman dran, der Bruder der Braut Kimberly. Er war ein großer, schlanker Mann mit dunklen Augen und trug ebenfalls einen festlichen Anzug. Er sah genauso blass und zittrig aus wie Keith Milton. „Wir haben uns im Frühstücksraum des Hotels getroffen. Ich hatte ein bisschen Kopfschmerzen, aber die Stimmung war gut. Als Joe um 10 Uhr noch nicht da war, ging Gage nachsehen." Er seufzte schwer. „Kim wird am Boden zerstört sein. Dies ist ein schrecklicher Schlag für uns alle." Er rieb sich unbewusst an einem Blutfleck am rechten Zeigefinger, als er Parnackis neugierigen Blick bemerkte. „Ich habe mich beim Anziehen an der Krawattennadel gepiekst."
„Fällt Ihnen jemand ein, der Joe etwas Böses antun wollte?"
Newman überlegte kurz. „Nein. Mir fällt niemand ein, der ihn hätte ermorden wollen. Er war nicht superreich, war kein Arschloch, kein Betrüger. Er war einfach ein lieber und lustiger Mann, und meine Schwester liebte ihn mehr als jeden anderen auf der Welt."
„Wo waren Sie zwischen dem Frühstück und 10 Uhr", fragte Parnacki.
„In meinem Zimmer", sagte Parker, „mich langsam fertig und ordentlich machen. Nun, so ordentlich wie es mit einem Kater eben geht."
Gage Osborne war seit der Schulzeit mit McNeill und Milton befreundet. Er war ein kräftiger Mann und auch er trug dasselbe

LEVEL 1

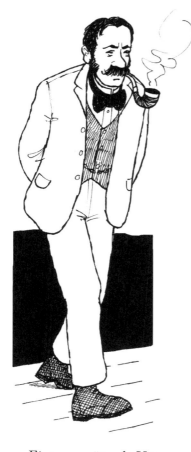

Outfit – Anzug, Hemd, Krawatte – wie die anderen Männer. Sein Hautton war ungesund blass.

„Ich frühstückte, zog mich um und dann fand ich ihn", sagte Osborne. „Er saß einfach nur da und starrte aufs Bett, aber ich erkannte sofort, dass er nicht wirklich da war. Sondern nur sein Körper. Joe war weg. Dann bin ich nach unten gegangen und die Jungs schrien mich wegen meiner Hand an und ich wusste nicht, wie ich es ihnen sagen sollte." Er blickte auf seine linke Hand hinunter. Die Knöchel waren verfärbt und geschwollen. „Vermutlich habe ich in etwas hineingeschlagen. Ich spüre es nicht. Ich spüre gerade überhaupt nichts."

Parnacki sah kurz, wie Venegas sich flüchtig etwas notierte. „Kennen Sie jemanden, der Joe etwas antun wollte?"

„Ein paar wütende Väter aus der Schulzeit. Joe hatte etwas Besonderes an sich. Aber als er mit Kim zusammenkam, änderte er sich völlig. Er hat nichts dummes mehr getan, seit ihrem ersten Date vor achtzehn Monaten."

„Haben Sie Ihr Zimmer zwischen 8 Uhr 15 und 10 Uhr verlassen?"

40. DER BRÄUTIGAM

Osborne schüttelte langsam den Kopf.

„Danke", sagte Parnacki „wir haben später vielleicht noch ein paar Fragen."

„Das war Zeitverschwendung", sagte Venegas, als Osborne weg war.

„Ganz und gar nicht", antwortete Parnacki. „Wir haben einen ausgezeichneten Verdächtigen, den wir uns schnappen werden."

Wen verdächtigt Parnacki und warum?

Tipp:
ANZUG

41. DAS MINIATURBILD

„Sehen Sie sich das Durcheinander an, das sie hinterlassen haben, meine Liebe. Selbstverständlich darf ich noch nichts anfassen." Lila Palmer blickte stirnrunzelnd in Richtung des Salons. Sechs Schubladen wurden aus drei verschiedenen Schränken herausgezogen und deren Inhalt auf dem Boden verstreut.

„Das ist schrecklich", sagte Miss Miller. „Waren die auf die Mary-Roberts-Miniaturmalerei aus?"

Lila nickte. „Insgesamt waren hier gestern Abend zehn Leute zu Besuch. Ich möchte keinen von ihnen verdächtigen, aber einer von ihn muss wieder zurück ins Haus durch die seitliche Verandatür geschlichen sein und sie mitgenommen haben, anstatt direkt nach Hause zu gehen. Ich bin mir sehr sicher, dass niemand ins Haus eingebrochen ist, nachdem alle Gäste gegangen waren. Die Hunde hätten sonst angeschlagen."

„Am besten, Sie erzählen mir, was genau am Abend passiert ist, Lila. Es könnte Ihnen helfen, die Ereignisse im Kopf zu ordnen, bevor die Polizei ankommt."

„Eine gute Idee", sagte Lila. „Ich nehme an, Sie trinken einen Tee?"

„Vielen Dank, sehr gerne."

Versorgt mit einer Kanne Tee, bat Miss Miller Lila schließlich, ihr von dem vorherigen Abend zu berichten.

„Wir versammelten uns alle im Wohnzimmer zum Cocktailtrinken. Danach aßen wir zu Abend – Lachs in Hollondaisesauce, Lammrückenfilet mit gebratenem Spinat und Quarkspeise mit Früchten. Schade, dass Sie nicht kommen konnten. Mrs. Lea hat sich wirklich selbst übertroffen. Jedenfalls kümmerte ich mich

41. DAS MINIATURBILD

nach dem Abendessen darum, dass alle etwas zu trinken hatten und führte sie in den Salon, damit sie sich die Miniaturmalerei angucken konnten.

Sie stand, für alle sichtbar, auf dem hohen Tischchen neben den Rosen. Professor Felton kennt sich mit der Miniaturmalerei aus und war besonders neugierig, da es sich um ein Portrait vom General Oglethorpe handelt. Nachdem jeder einen Blick darauf werfen konnte, blieben wir noch eine Weile im Salon und unterhielten uns, dann legte ich das Kunstwerk wieder an seinen Platz zurück und scheuchte die Gäste wieder ins Wohnzimmer, wo wir eine angeregte Diskussion über Matisse führten. Etwa eine Stunde später verabschiedeten sich die ersten. Als alle weg waren, gingen Wilson und ich nach oben ins Bett. Das Dienstmädchen weckte mich heute Morgen, als sie das Chaos entdeckte, was ungefähr vor sechs Stunden war."

„Hm", sagte Miss Miller. „Die Gruppe war sicher nicht die ganze Zeit über beisammen, nicht wahr?"

„Nun, nein, natürlich nicht. Ich habe das Kommen und Gehen nicht genau beobachtet, aber ich erinnere mich, dass Carina Engeld für längere Zeit zwischen dem Lachs und dem Lamm

verschwunden war. Was noch? Nun, Professor Felton, Justin Choles und Peyton Hatcher waren eine kurze Weile nicht da, als wir uns nach dem Abendessen unterhielten. Pastor Allison ging gegen Ende des Bestaunens der Miniatur und kam dann wieder zu uns ins Wohnzimmer. Isabella Choles war kurz während der Matisse-Diskussion weg. Oh, und Randolph Hatcher suchte längere Zeit nach Mr. Jessop, bevor alle gingen, weil er wissen wollte, wer das Dach letzte Woche repariert hatte.

Miss Miller schüttelte den Kopf. „Lila, meine Liebe, es scheint mir, wir haben einen sehr verdächtigen Kandidaten, gegen den die Polizei dringend ermitteln sollte."

Wen verdächtigt Miss Miller?

TIPP: MISSEN

42. DOBSONS LEDERARBEITEN

Kelly Saylor hatte ihre Verzweiflung bemerkenswert gut unter Kontrolle. An ihrer Stelle wäre ich ein nervliches Wrack, das keinen vollständigen Satz herausbrächte, dachte Oliver James.

„Mein aufrichtiges Beileid, Miss Saylor. Doch ich weiß leider nicht, wie ich Ihnen helfen kann."

Sie zuckte resigniert die Achseln. „Sie haben die Entwürfe von Dobsons Lederarbeiten für die Bauarbeiten ihres Vaters ausgearbeitet."

„Sicherlich verdächtigen Sie mich nicht, Ihren Vater ermordet zu haben."

„Nein, nein, natürlich nicht. Aber Sie kennen die Fabrik besser als jeder andere. Vielleicht fällt Ihnen etwas auf …" Sie verstummte bekümmert.

Oliver seufzte. „Ich erinnere mich an das Projekt. Es ist drei Jahre her. Es war ein Alptraum, einen Ort für die Errichtung einer Gerberei mit Flussanbindung für den Abfluss zu finden. Deswegen steht sie jetzt hinter Burton. Aber es ist nicht so, dass ich mich an jeden Plan erinnere, den ich jemals entworfen habe." Er legte eine Pause ein und blickte in ihr trauriges Gesicht. „Aber vielleicht erinnere ich mich ja doch an etwas. Warum erzählen Sie mir nicht alles von Anfang an?"

Sie lächelte ihn dankbar an. „Ich habe Ihnen erzählt, dass mein Vater für Jack Dobson gearbeitet hat, oder? Er war einer der Finanzberater für Dobsons Lederarbeiten. Vor einer Woche entdeckte er beunruhigende Diskrepanzen in den Büchern und im Bestand. Er ging damit zu Jack, der ihn praktisch wegscheuchte. Mein Vater war keiner, der klein beigab, wenn er wusste, dass er im Recht war. Also stellte er Nachforschungen an. Vor vier Tagen, als wir zusammen zu Abend aßen, erzählte er mir, dass er Beweise für seine anfänglichen Vermutungen gefunden hätte – systematische Korruption.

Er sagte, er wolle Dobson am nächsten Tag zur Rede stellen. Er kam nie zurück."

„Das muss schrecklich für Sie gewesen sein", sagte Oliver.

Kelly nickte. „Ich erreichte die Polizei am nächsten Morgen. Sie sagten, sie würden Ausschau nach ihm halten. Zwei Tage später – gestern Nachmittag – tauchte seine Leiche in dem stinkenden Fluss neben der Lederarbeiten-Fabrik auf. Laut Polizei

42. DOBSONS LEDERARBEITEN

war er zu diesem Zeitpunkt seit achtzehn Stunden tot, also seit Sonntagabend. Sie sträubten sich, Dobson zur Rede zu stellen, was nicht verwunderlich ist. Er hat großen Einfluss.

„Dobson ist ein mächtiger Mann", bestätigte Oliver.

„Schließlich schaffte ich es, dass die Polizei Untersuchungen anstellte, aber die schleimige Kröte kann beweisen, dass sie das Wochenende 80 Kilometer entfernt mit einer großen Gruppe von Freunden und Familie verbracht hat. Er behauptet, er habe Vater am Freitagnachmittag gefeuert, weil er wahnsinnig geworden sei. Dann fand die Polizei heraus, dass Vaters Magen voller Whiskey war. Jetzt sagen sie, dass er am Freitagabend losgezogen sei, um seinen Kummer in Alkohol zu ertränken und so viel getrunken habe, dass er in den Fluss fiel, wo er schließlich irgendwann am Sonntag ertrank. Aber Vater hat nie viel getrunken und er hasste Whiskey. Die ganze Sache stinkt bis zum Himmel. Ich bin mir sicher, Dobson hat ihn ermordet, weil er dessen kriminelle Machenschaften aufgedeckt hat. Ich weiß nur nicht wie und die Polizei hat zu viel Angst, ohne triftigen Grund, weiter gegen den Mann zu ermitteln. Sein Alibi ist perfekt."

Oliver nahm aufgeregt ihre Hand: „Nein, sehen Sie es denn nicht? Er hat ein schlechtes Alibi!"

Was stimmt mit Dobsons Alibi nicht?

TIPP: *FLUSS*

43. DER FRÜHE VOGEL

Kyla White, die neueste Bürokraft bei Montgomery Calloway hat die Leiche entdeckt. „Er war immer früh morgens der Erste im Büro", erzählte sie Inspektor Parnacki. „So war Monty, sehr diszipliniert. Als ich kam, ging ich hinein, um guten Morgen zu sagen. Er hing, alle viere von sich gestreckt, im Stuhl,

43. DER FRÜHE VOGEL

offensichtlich tot, mit einem Messer in der Brust. Ich wurde direkt ohnmächtig. Und als ich wieder zu mir kam, machten Mason und Walter viel Aufhebens um mich. Ihre Leute waren da natürlich schon auf dem Weg."

Ihr Bericht stimmte mit Parnackis Eindruck des Tatorts überein. Calloway war wahrscheinlich am vorherigen Abend nach der Arbeit ermordet worden und die Anzahl an Stichen wies auf einen Amateurmörder hin. Augenscheinlich schien nichts im Büro des Mannes zu fehlen, doch Parnacki gab sich nicht so schnell zufrieden. Sobald das Personal informiert und wieder hereingelassen werden würde, würde man vielleicht einen Verlust melden.

„Was für ein Chef war Calloway?"

Miss White zuckte die Achseln. „Wie alle anderen auch. Sehr anspruchsvoll, schrie herum, wenn er seinen Willen nicht bekam, redete mit dir von oben herab, aber er war nicht absichtlich gemein oder so. Er packte einen auch nicht an den Hintern, was angenehm war."

„Und die anderen Leute im Büro? Sie erwähnten Mason und Walter?" Mason McKinney und Walter Aubrey waren Calloways Männer fürs Grobe, die, wenn es Probleme gab, loszogen und sich um die Verkaufsprozesse kümmerten.

„Ja", sagte Miss White. „Und dann ist da noch Dan. Der ist gerade verreist."

Daniel Tapia arbeitete in der Unternehmensverwaltung. Er war für die Bevorratung und das Inventar zuständig. Laut Calloways Kalender war er die ganze Woche über in Summerton.

„Waren das alle?", fragte Parnacki.

„Ja, das sind die einzigen, die hier arbeiten."

„Danke", sagte er, „Sie haben mir sehr geholfen. Und können Sie mir noch sagen, wo Sie waren?"

Sie blickte ihn kurz mit großen Augen an. „Oh, natürlich. Die meiste Zeit im Bus. Der Weg zu Miss Ellies Pension dauert jeweils eine Stunde, also stand ich wie immer um halb sechs auf, frühstückte und saß dann um viertel vor sieben im Bus."

„Vielen Dank für Ihre Zeit", sagte Parnacki.

Mason McKinney war ein gepflegter, adretter Mann mit gegelten Haaren und einem schicken Anzug. Er bewegte sich so anmutig, als würde er jeden Moment zu tanzen anfangen. „Monty war wie ein zweiter Vater für mich", sagte er zu Parnacki. „Ich bin am Boden zerstört. Ich arbeite jetzt seit zehn Jahren für ihn und war dabei, als er mit Calloways expandierte und das Unternehmen zu dem machte, was es heute ist. Ich kann mir nicht vorstellen, wieso ihn jemand umbringen wollte. Klar, er war ein harter Geschäftsmann, aber niemals unfair. Monty war direkt. Wo ich war? Natürlich. Ich ging direkt nach der Arbeit zu Freunden Poker spielen, wo ich bis nach Mitternacht blieb. Das können meine Freunde bezeugen."

Zum Schluss kam Walter Aubrey an die Reihe, ein gedrungener, älterer Mann, nicht viel jünger als das Opfer. Er hatte nicht mehr viele Haare und sein quadratisches Gesicht wurde von freundlichen, hellbraunen Augen wieder wett gemacht. „Heute ist ein trauriger Tag", sagte er zur Begrüßung. „Ich arbeite seit zwanzig Jahren für Mr. Calloway. Ich war dabei, als er das Unternehmen gründete. In letzter Zeit liefen die Geschäfte nicht so gut und ich weiß nicht, ob wir das überleben werden. Es wird nicht einfach, einen neuen Job zu finden, wenn das Unternehmen schließt. Wir haben ein gutes Team, aber die Perspektive zu verlieren, ist immer schlimm."

„Können Sie sich vorstellen, warum jemand Mr. Calloway etwas antun wollte?", fragte Parnacki.

„Nein, Sir", sagte Aubrey, „ganz und gar nicht."

„Und können Sie mir sagen, wo Sie gewesen sind?"

„Wenn das Wetter nicht zu scheußlich ist, spaziere ich meistens zur Arbeit. Ich ging durch den Park und am Price Coffee Shop

43. DER FRÜHE VOGEL

vorbei. Tommy von Price wird sich an mich erinnern. Ich kaufe bei ihm immer einen großen Kaffee zum Mitnehmen. Heute Morgen kaufte ich auch einen Donut. Das muss so gegen 7 Uhr gewesen sein.

„Vielen Dank für Ihre Hilfe", sagte Parnacki zu ihm.

Als der Mann gegangen war, lehnte sich Parnacki zurück und füllte seine Pfeife. Keinen Grund weiter nach einem Hauptverdächtigen zu suchen, dachte er.

Wem misstraut Parnacki und warum?

Tipp:
ALIBIS

44. MORD ZUM FRÜHSTÜCK

Marcus Johns war groß, mager und hatte schütteres Haar. Auf den ersten Blick schien er teilnahmslos, doch seine Verzweiflung spiegelte sich in einem Outfit wider, das nicht zusammenpasste – ein Schlafanzugoberteil, ein alter pinker Cardigan, eine Nadelstreifenhose und feuchte, mit Matsch beschmierte Schuhe. Der Ausdruck seiner Augen verriet ebenfalls, dass seine Gefasstheit nur Fassade war. „Ich habe Delphine in der Küche gefunden", erzählte er Inspektor Parnacki. „Ich. Ähm. Ich habe sofort Hilfe gerufen. Dann kamen Ihre Kollegen und jetzt sind wir hier."

Delphine Johns wurde erwürgt und den Stellen an ihren Fingern nach zu urteilen, wurden ihr mehrere Ringe gestohlen. Die Küchentür stand halb offen, genau wie das kleine Gartentor.

„Können Sie mir die genauen Details schildern?"

„Natürlich", sagte Johns. „Nun, wir standen wie gewöhnlich gegen 8 Uhr auf. Während ich duschte und mich rasierte, bereitete Delphine unten das Frühstück vor. Als ich mich anzog, dachte ich, sie hätte nach mir gerufen, ich rief zurück, doch sie antwortete nicht. Eine halbe Minute später ungefähr ging ich nach unten, um zu sehen, was sie wollte. Ich dachte, sie wollte mir sagen, dass wir wieder mal keine Eier mehr hatten oder so einen Quatsch. Ich ging in die Küche und da lag sie, lang gestreckt neben der Tür. Es kann sein, dass da eine dunkel gekleidete Gestalt beim Gartentor auf die Straße gehuscht ist, aber ehrlich gesagt, bin ich mir nicht sicher. Es regnete immer noch, deswegen konnte ich nicht so gut sehen. Ich erstarrte. Das ergab einfach keinen Sinn für mich. Ich dachte, sie würde gleich aufspringen und ‚Reingelegt!' rufen oder sich entschuldigen, dass sie mich erschreckt hat.

44. MORD ZUM FRÜHSTÜCK

Aber sie bewegte sich nicht. Ich sah, dass sie nicht mehr atmete. Also nahm ich das Telefon und rief um Hilfe."

Parnacki nickte. „Und was passierte dann?"

„Ich konnte nicht in der Küche bleiben. Also setzte ich mich auf die Treppe. Die Zeit verlief und ich kann Ihnen nicht mehr erzählen. Dann kam ein Arzt, gefolgt von einem Ihrer Beamten. Ich zeigte Ihnen, wo die Küche war. Sie verstanden sofort. Mehr Zeit verging. Dann kamen Sie und jetzt unterhalten wir uns. Wir unterhalten uns doch, oder?"

„Ja, das tun wir", sagte Parnacki.

„Gut. Ich war mir nicht sicher. Es war so ein seltsamer Morgen."

„Erzählen Sie mir von Ihrer Frau. Hatte sie Konkurrenten oder Feinde, jemand, der sie umbringen wollte?"

„Nun, natürlich nicht. Wie könnte sie auch? Sie war meine Frau, nicht irgendeine Karrierefrau oder zwielichtige Gaunerin. Sie wuchs in einem einfachen Dorf auf und kam auf der Suche nach Arbeit mit achtzehn in die Stadt. Ich lernte sie wenige Jahre

später über einen Freund kennen. Ein Jahr später heirateten wir. Kinder haben wir keine."

„Hatte Sie Hobbys oder besondere Interessen? Freunde?"

„Gott, nein", sagte Johns. „Nichts dergleichen. Sie war eher eine ruhige Hausfrau."

„Ich verstehe. Lassen Sie mich noch einmal alles rekapitulieren, damit ich es richtig verstehe. Sie kamen aus dem Badezimmer, gingen die Treppe herunter und fanden Ihre Frau. Sie gingen in den Flur, um nach Hilfe zu rufen und setzten sich dann auf die Treppe bis ich kam und sie hier ins Wohnzimmer brachte. Ist das richtig?

„Ja, nur, dass ich noch die Männer vor Ihnen hereingelassen habe."

„Ich muss Sie bitten mich für weitere Verhöre auf das Präsidium zu begleiten, Mr. Johns."

Johns blickte ihn verdutzt an. „Warum das? Jetzt?"

„Jetzt sofort", sagte Parnacki streng.

Warum verdächtigt Parnacki Johns?

Tipp:
KLEIDUNG

45. DOPPELIDENTITÄT

„Ich verstehe nicht, wie sie entkommen konnten, Oliver." Kaysen Forrest war ein hochgewachsener Mann, der normalerweise für jeden ein Lächeln übrig hatte. Heute war er ausgesprochen ernst. Vor mehreren Tagen wurde eine erhebliche Summe Bargeld aus dem Büro seines Forstgartens gestohlen. „Ich entdeckte sie am Ende des Durchgangs neben den Türen. Okay, es war etwas dunkel, aber ich sah ganz deutlich zwei Männer in Overalls, die höchstens 1,82 Meter groß waren. Der eine trug eine Arzttasche. Das kam mir sehr komisch vor, also bin ich ihnen gefolgt und erreichte den Durchgang mit den Türen in weniger als dreißig Sekunden. Aber sie waren verschwunden. Die einzige Person da draußen war Chris Biddle. Er hörte sie wegrennen, hat sie aber nicht gesehen. Fakt ist, dass der Pflanzengarten 90 Meter breit ist und ich mindestens 270 Meter weit in die Ferne sehen kann. Wenn sie um die Ecke gebogen wären, wären sie direkt in Chris hineingelaufen. Außerdem steht in der Richtung ein Zaun, über den man klettern müsste. Das hätte ich definitiv gehört. Nein, sie haben sich einfach in Luft aufgelöst."

Oliver James runzelte nachdenklich die Stirn. „Das klingt wirklich seltsam. Und sie hatten kein Fahrzeug?"

Kaysen schüttelte den Kopf. „Ich glaube nicht. Mir fällt keins ein, das schnell und leise genug wäre, einfach so aus meiner Sichtweite zu verschwinden, geschweige denn ohne viel Lärm zu machen. Die Polizei dachte natürlich ich sei verrückt geworden. Sie haben meine Aussage aufgenommen und sagten, sie würden jeder Spur nachgehen, aber sie schienen nicht sehr optimistisch. Einer von ihnen meinte sogar, dass gestohlenes Geld schwierig zu finden ist."

„Nun, lass uns das Ganze mal aus einer anderen Perspektive betrachten. Wer wusste, dass du zu dem Zeitpunkt eine größere Summe Geld im Büro hattest?"

„Ich gehe normalerweise dienstags zur Bank. Das Wochenende lief ungewöhnlich gut, weil die Orchideen, die ich im Imperial gepflanzt habe, großes Interesse geweckt haben. Also jeder, der am Wochenende gearbeitet hat, hätte es sich denken können. Das wären dann Heather Reeves, Aubrey Fenton, Isaac Brunson, Angelo Delgado und natürlich Chris. Aber am Dienstag stand Heather im Geschäft und kümmerte sich um die Kunden, Angelo hatte am Montag und Dienstag frei, Aubrey war mit mir im Meetingraum um die Bestellungen durchzugehen und Isaac stand an der Kasse und Chris räumte im Pflanzengarten auf. Auch wenn einer von ihnen irgendwelchen Rowdys verraten hat, dass es sich um einen guten Tag handelt um mich auszurauben, erklärt das nicht, wie sie sich einfach in Luft aufgelöst haben sollen."

„Nein das stimmt", bestätigte Oliver. Trotzdem sollten wir noch bei der Annahme bleiben. Was können Sie mir über Ihr Personal erzählen?"

„Heather ist wirklich eine Liebe. Sie ist immer nett und freundlich zu den Kunden, egal wie unverschämt sie werden. Sie arbeitet seit ungefähr achtzehn Monaten bei mir. Ich werde sie verlieren, sobald sie heiratet, aber das macht mir nichts aus, solange sie glücklich ist. Aubrey ist seit Anfang an dabei und meine rechte Hand. Ohne ihn würde ich untergehen. Ich will mir gar nicht vorstellen, dass er mich so hintergangen hat. Isaac ist zuverlässig und seit drei Jahren hier, wenn Sie verstehen, was ich meine. Ein sehr ruhiger und talentierter junger Mann. Er ist schrecklich nett zu Heather, aber zu schüchtern, um sein Glück bei ihr zu versuchen. Vielleicht sollte ich dem Schicksal der beiden etwas auf die Sprünge helfen. Er würde sich auf jeden Fall gut um sie kümmern.

45. DOPPELIDENTITÄT

Chris arbeitet seit ungefähr einem Jahr hier. Er ist sehr ruhig, doch stille Wasser sind tief, nicht wahr? Er weiß überraschend viel über alle möglichen Dinge, da er ein Bücherwurm ist. Man sieht ihn nie ohne etwas zu lesen. Angelo ist erst seit ein paar Monaten bei uns, aber er weiß mehr über Kultivierung als jeder andere. Er hat den grünsten Daumen von allen. Wenn Sie ihn auf Knollen ansprechen, wird er nicht mehr aufhören zu reden. Hilft uns das weiter?"

„Ich bin mir nicht sicher", gab Oliver zu.
„Können Sie mir zeigen, wo die Männer verschwunden sind?"
„Selbstverständlich." Kayson zwang sich zu einem Lächeln, aber es fiel ihm sichtlich schwer seine Bestürzung zu verbergen. Der Durchgang vom Meetingraum führte direkt durch das Gebäude bis nach hinten durch. Es war ein langer, schummeriger Korridor mit Pflastersteinen und blattgrünen Wänden. Auf beiden Längsseiten gingen Türen ab. Am Ende traf der Korridor auf den Flur, der von dem Eingang des Pflanzengartens direkt zu den beheizten Lagerräumen führte. Die Türen der Pausenräume des Personals befanden sich gegenüber von dem Durchgang am Ende, von einem Spiegel getrennt. Als sie an die Kreuzung kamen, zeigte Kayson nach rechts zur hinteren Seite des Gebäudes.

„Dort ist mein Büro. Und die Tür links neben den Toiletten führt zum Pflanzengarten."

Die breite Doppeltür zum Garten stand offen. Oliver trat hinaus und sah sich um. Kayson hatte recht. Er war gute hundert

45. DOPPELIDENTITÄT

Meter breit. Überall standen junge Bäume verteilt, aber keiner der Bäume war groß genug, um einen Mann länger als eine Sekunde zu verdecken. Das Tor am gegenüberliegenden Ende stand offen, dahinter lag die Straße.

„Kaysen", sagte Oliver schließlich, „ich glaube, ich weiß, wer es war."

Wen verdächtigt Oliver und warum?

TIPP: DURCHGANG

LEVEL 2

1. DER MANN IM FASS

"Bauunternehmer tot in Fass gefunden. Paddington Parnacki ermittelt!" lautete die Schlagzeile. Inspektor Parnacki seufzte und warf die Zeitung in den Papierkorb. „Drogenabhängige Nichtsnutze", murmelte er vor sich hin, während er den Bericht über eine Leiche, die vor zehn Tagen im Fluss gefunden wurde, beiseiteschob und sich den Costello-Fall genauer ansah. Chase Costello, 52, war tatsächlich tot in einem Fass in einer Baracke am Hafen gefunden worden, nachdem er gut zwei Wochen zuvor verschwunden war. Laut des Polizisten, der den Bericht geschrieben hatte, stand dem Toten noch der Schrecken ins Gesicht geschrieben. Todesursache war ein Messerstich ins Herz mit einem ganz normalen Küchenmesser, das noch in der Wunde steckte. Doch es wurden keine nützlichen Spuren darauf gefunden. Da zwar im Fass Blut war, nicht jedoch darum herum, ging Parnacki davon aus, dass der Mord woanders passiert war.

1. DER MANN IM FASS

Castellos Ehefrau, Sohn, Bruder und Geschäftspartner wurden in dessen Testament alle berücksichtigt, doch wie sich herausstellte, blieb nicht mehr viel zu vererben. Trotz seines großspurigen und räuberischen Rufs stand er quasi vor dem finanziellen Aus. Fast jeder, der mit ihm oder seiner Firma Geschäftsverträge hatte, hätte gute Gründe gehabt, ihn umzubringen.
Die Polizisten sprachen mit allen ihm nahestehenden Personen.
Dessie Costello, seine Frau, war an jenem Morgen gerade von einer einwöchigen Reise in ihre Heimatstadt zu ihren Eltern und Geschwistern zurückgekehrt. Aristos Williams, sein Geschäftspartner, war ebenfalls für mehrere Tage auf einem spontanen Business-Trip, um das Geschäft vor dem Bankrott zu retten. Roman Castello, sein Bruder, war jagen.
Oscar Castello, sein Sohn, pendelte zwischen Job, Freundin und Freunden hin und her. Olivia Aleman, Oscars Mutter, hatte nach der Scheidung von Chase Costello wieder geheiratet, und war jetzt Hausfrau, die sich um die Schulkinder ihres Ehemanns aus erster Ehe kümmerte. Luke Aleman, ihr Ehemann, war Lehrer. Er war gerade auf einem Schulausflug.
Parnacki wollte mit allen Beteiligten persönlich sprechen.
Im großen Haus des Opfers wurde der Inspektor von Dessie Castello, der Witwe, begrüßt. Sie war in schwarz gekleidet und relativ gefasst. Im Bericht stand, sie sei Anfang dreißig.
„Ich will, dass Sie das Biest finden, das ihn getötet hat", sagte sie zu Parnacki.
„Ich liebte meinen Ehemann sehr, mein Herz ist gebrochen."
Parnacki versicherte ihr, dass er alles tun würde, um den Mörder zu finden.
„Als Chase verschwand, habe ich mit dem Schlimmsten gerechnet. Er nahm sich stets was er wollte und die Leute waren neidisch und gehässig,

weil er seinen Erfolg offen zeigte. Ich gebe zu, ein paar der Geschäfte waren schon grenzwertig, aber so läuft das eben."
„Wurde Ihr Mann bedroht?"
Sie schüttelte den Kopf. „Nein, nicht, dass ich wüsste. Ari weiß vielleicht mehr."
Ihre Gesichtszüge wurden für einen kurzen Augenblick weicher, um sich dann schnell wieder anzuspannen. „Ich meine Aristos Williams, Chases Geschäftspartner", fügte sie schnell hinzu. „Ich kenne ihn nicht sehr gut."
„Verstehe", sagte Parnacki. „Haben Sie die beiden jemals über der Art Bedrohungen reden hören?"
„Nein, Chase sprach zuhause nie über die Arbeit. Ich traf Aristos nur auf Feiern und ähnlichen Veranstaltungen."
„Und Mr. Costellos Familie?"
„Wir standen uns nicht nahe. Unter uns gesagt, ich glaube, sie waren neidisch auf ihn. Nach der Scheidung lebte Oscar bei seiner Mutter Olivia. Sie versuchte einen Keil zwischen ihn und den armen Chase zu treiben. Nachdem wir geheiratet haben, wurde es noch schwieriger für ihn. Chases Bruder Roman hat sich nicht gekümmert. Sie waren sehr unterschiedlich. Die letzten Wochen waren für uns alle sehr hart."
Parnackis nächster Anlaufhafen war das Haus von Olivia Aleman. Sie war Ende vierzig oder Anfang fünfzig und lebte in einem ruhigen, gutbürgerlichen Viertel der Stadt. Oscar Castello, ein scharfsinnig aussehender junger Mann, war bei ihr.
„Es ist traurig, dass er ermordet wurde", sagte Olivia. „Sich von mir scheiden zu lassen, war das Beste, was Chase je für mich getan hat, aber es tut mir sehr leid für Oscar."
„Mach dir keine Sorgen", sagte ihr Sohn, „es ist kein großer Verlust."
„Rede nicht so über deinen Vater, Schatz, das tut man nicht."
„Sie haben sich nicht gut mit ihm verstanden?", fragte Parnacki.

1. DER MANN IM FASS

Oscar verzog eine Miene. „Er wollte, dass ich genauso ein Hai werde wie er. Er warf mir immer vor, ich sei zu ‚schwach'. Ich habe immer wieder versucht ihm zu erklären, dass Menschlichkeit und Schwäche zwei verschiedene Dinge sind, aber das verstand er nicht. Seiner Meinung nach waren Menschen dazu da, um aus dem Weg geräumt zu werden."

Olivia seufzte: „Chase hatte sicher nichts Freundliches an sich. Aber als er noch jünger war, konnte er sehr reizend sein und seine Schroffheit wirkte anziehend auf mich. Ich ließ mich damals blenden. Als ich einsah, dass es ein Fehler war, packte ich meine Sachen."

„Er und sein neues Flittchen haben es verdient", sagte Oscar. „Sie sind seit fünf Jahren verheiratet und seit vier Jahren betrügt sie ihn hinter seinem Rücken."

„Oscar!"

„Das stimmt. Ich kam mehrmals zu ihnen, um Vater zu sehen, und hörte, wie sie mit einem Mann flüsterte oder ganz errötet und schuldig die Tür öffnete."

„Ich verstehe", sagte Parnacki. „Wissen Sie beide etwas über seinen Geschäftspartner Mr. Williams?"

„Aristos? Er ist im Grunde ein anständiger Mann", sagte Olivia. „Es kam mir immer so vor, dass er Chase davor bewahrte, mit dem Gesetz in Konflikt zu geraten. Ich habe ihn früher oft gesehen."

„Ich erinnere mich an ihn, als ich noch klein war", sagte Oscar. „Er war nett zu mir."

Parnacki nickte. „Und haben Sie viel Kontakt zu Ihrem Onkel?"

„Onkel Roman meinen Sie? Nein, nur sehr wenig. Als meine Eltern sich trennten, ließ er sich auch nicht mehr blicken. Er ist ein paar Jahre jünger als mein Vater und ich hatte immer das Gefühl, dass er nur mit Mama und mir redete, um Vater einen

Gefallen zu tun. In den letzten zehn Jahren habe ich ihn vielleicht zweimal gesehen."

Kurz darauf fuhr Parnacki in die Auffahrt von Roman Costellos luxuriösem Haus. „Mein Beileid", sagte Parnacki, als sie sich in dessen prunkvollen Salon setzten. „Sie sind Banker?"

„Ja", Roman nickte. „Ich habe nie verstanden, was Chase in Immobilien sah. Es ist viel effizienter, den Zwischenpart zu überspringen, und direkt mit Geld zu handeln. Er wollte, dass ich ihm einen Kredit gebe."

„Hatten Sie das vor?"

„Ich hätte es natürlich versucht. Er verfügte nicht über viel Eigenkapital zur Kreditabsicherung, aber wir hätten schon eine Lösung gefunden."

Parnacki notierte sich etwas auf seinem Notizblock. „Was können Sie mir über Chases Familie erzählen?"

„Chase liebte seine Frau Dessie über alles. Sie schien ganz nett zu sein."

„Sie sind nicht verheiratet?"

Roman lachte. „Gott, nein! Ich habe noch nicht die Richtige gefunden. Sie zu suchen macht einfach zu viel Spaß."

„Und was ist mit den anderen Leuten, die Chase nahestanden?"

„Nun, die Beziehung zu seinem Sohn Oscar war nicht so gut. Ich kenne meinen Neffen selbst kaum. Nachdem seine erste Frau ihn verlassen hatte, wurde es noch schwieriger und ich weiß, dass Chase befürchtete, Oscar würde ein Versager werden. Und dann ist da noch sein Geschäftspartner, Williams. Ein freundlicher Kerl. Aber auch ein Nichtsnutz fürchte ich."

„Ja? Warum?"

„Ich weiß aus einer verlässlichen Quelle, dass er eine Affäre mit Dessie hinter Chases Rücken hatte."

Parnacki blickte den Mann ernst an: „Das haben Sie ihm nicht gesagt?"

1. DER MANN IM FASS

„Himmel! Natürlich nicht. Chase war auch nicht gerade für seine Treue bekannt. Das geht mich nichts an."

„Ich verstehe. Vielen Dank für Ihre Zeit, Mr. Costello."

Aristos Williams empfing Inspektor Parnacki in den Büroräumen, die er sich mit Chase Costello teilte. Er war Mitte fünfzig und ordentlich gekleidet. Von allen Leuten, mit denen Parnacki gesprochen hatte, schien er ehrlich traurig zu sein.

„Ich mochte Chase", sagte Williams. „Klar, er hatte eine rücksichtslose Seite, aber er war ein loyaler Freund und es war immer lustig mit ihm."

„Hatte er Feinde?", fragte Parnacki.

„Oh, sicher. Nur wenig Leute gewannen etwas aus Geschäften mit ihm. Ich bin mir auch sicher, dass es mehrere Konkurrenten gibt, die heute Nachmittag feiern."

„Können Sie sich vorstellen, dass einer von ihnen ihn getötet hat?"

„Auf so komplizierte Weise? Das bezweifle ich."

„Was wissen Sie über seine Familie?"

„Er war zweimal verheiratet. Seine erste Frau, Olivia, war ganz in Ordnung, aber sie war in seinem Alter, deswegen hielt die Ehe nicht. Sie hatten einen Sohn zusammen, Oscar. Der Junge kam nach der Mutter. Netter, sensibler Kerl. Chase heiratete vor ein paar Jahren wieder. Dessie ist jung, hübsch und etwas gelangweilt, fürchte ich. Er hat auch einen Bruder, Roman, dem er sehr nahesteht."

„Und Sie?"

„Sie meinen Familie? Ich habe eine Frau, einen Sohn, der Astronom werden will, und drei Töchter zwischen vierzehn und zweiundzwanzig." Er lachte. „Zwischen meiner Familie und Arbeit, habe ich kaum Zeit für mich. Ich habe auch eine Schwester, die mit ihrer Familie ein paar Stunden von hier entfernt wohnt. Wir treffen uns alle an den Feiertagen entweder bei ihr oder hier."

„Wie würden Sie Ihre Ehe beschreiben?"

Williams hielt einen Moment inne und das Lächeln auf seinem Gesicht verschwand.

„Sie arbeiten wirklich gründlich, oder? Ich weiß nicht, was Sie gehört haben, aber ich liebe meine Frau. Ich weiß, dass Chase ein Schürzenjäger war, ich habe den Schaden, den er damit angerichtet hat, aus nächster Nähe gesehen. Diese Schmerzen würde ich niemandem antun wollen, geschweige denn Maddie."

„Natürlich nicht", sagte Parnacki in besänftigendem Ton, „ich versuche mir nur ein Bild zu machen."

„Okay", antwortete Williams etwas vergrämt.

„Woran arbeitete Chase gerade, bevor er verschwand?"

„Wir hatten gerade erst eine große Fläche Land an einem See gekauft. Sein Plan war, dort Luxushäuser zu bauen, sobald er die Erlaubnis hatte."

„Das Landstück würde ich mir gerne ansehen, wenn es Ihnen nichts ausmacht", sagte Parnacki.

1. DER MANN IM FASS

„Ganz und gar nicht." Williams gab ihm die Adresse.
Als Parnacki das Baugrundstück erreichte, sah er, dass sich darauf noch ein kleiner Wald befand. Die einzige Bebauung war eine kleine Holzhütte, die er sofort in Augenschein nahm.
Das Innere der Hütte war überraschend gemütlich. Es gab einen Holzofen mit einer Herdplatte, ein gemachtes Bett, einen Tisch und zwei Stühle und sogar eine Badewanne. Auf dem Tisch lagen Bücher und es standen dort zwei offene Flaschen Bier. Einer der Stühle war mit getrocknetem Blut befleckt.
Parnacki erlaubte sich ein kurzes Grinsen. „Hab' dich", sagte er.

Wer ist der Mörder und woher weiß Parnacki das?

TIPPS:

DIE ZEUGENAUSSAGEN SCHLIESSEN
SICH GEGENSEITIG AUS.

DER WAHRSCHEINLICHE TODESZEITPUNKT
IST WICHTIG.

DESSIE HATTE EINE AFFÄRE.

OSCAR UND ARISTOS MOCHTEN SICH
UND VERSTANDEN SICH GUT.

CHASE WURDE NICHT VON SEINEN
KONKURRENTEN GETÖTET.

LUKE ALEMAN HAT NICHTS MIT DEM
VERBRECHEN ZU TUN.

ZWISCHEN DEM FALL, AN DEM PARNACKI
VORHER GEARBEITET HAT, UND DIESEM
BESTEHT EINE VERBINDUNG.

2. DAS FEUERAUGE

Beim Feuerauge handelte es sich um einen schimmernden Rubin von der Größe einer Kinderfaust, der zurzeit in einer prunkvollen Goldfassung lag. Bürgermeister Williams stand neben dem Edelstein und aalte sich in dessen Ruhm, während er den Sponsoren, die zur Feier gekommen waren, dankte. Der Rubin war eine Leihgabe aus einer großen Kollektion und Miss Miller schauderte bei dem Gedanken, welche Fäden der Bürgermeister gezogen haben musste, um ihn zu bekommen.

Wie die meisten Gäste war Miss Miller wegen des Steins gekommen. Doch anders als die anderen interessierte sie sich weder für ihn noch für die Politik.

Es gingen Gerüchte herum – der Freund eines Freundes von einem Cousin und so weiter –, die behaupteten, jemand plane den Schmuckstein in einem riskanten, dreisten Coup zu stehlen, um den Bürgermeister gründlich zu blamieren. Das war definitiv ein Grund sich dort blicken zu lassen.

Also war Miss Miller zu der Feier gekommen, hatte sich eine Tasse Tee von einem zuvorkommenden Kellner servieren lassen und sich an einen Tisch mit guter Sicht auf die Bühne platziert.

Die Veranstaltung an sich schien ziemlich langweilig. Eine Reihe von Wichtigtuern hielten auf der Bühne Reden darüber, wie toll sie seien, bevor sie den Bürgermeister für seine Erfahrung, Weitsicht, Toleranz, Pietät, Verantwortung, Zugänglichkeit, Direktheit und sehr wahrscheinlich seine Schuhgröße lobten. Miss Miller gab ihr Bestes, nicht zuzuhören, sondern stattdessen die Gäste zu beobachten und Fakten über sie zu ermitteln.

Wie über den Mann im feinen Nadelstreifen Anzug. Mit einer Größe von 1,72 Metern tat er sein Bestes, wie ein

2. DAS FEUERAUGE

Geschäftsmann oder Gentleman auszusehen, aber die massiven Schultern und Arme wiesen eher daraufhin, dass er eine schwere körperliche Arbeit ausübte. Seine gerade Haltung wie auf einem Exerzierplatz verriet, dass er über eine militärische Ausbildung verfügte. Aufgrund des Kurzhaarschnitts und rasierten Gesichts konnte man annehmen, dass er immer noch diente. Die grau melierten Haare verrieten, dass er um die Fünfzig war und seine Teilnahme an der Veranstaltung, dass er ein Offizier war – wegen der vergleichsweisen billigen Schuhe wahrscheinlich ein Berufsoberst.

Die überraschend große Frau in Aquamarin war ein weiterer interessanter Fall von Irreführung. Sie musste ungefähr 1,82 Meter groß sein und hatte lange lockige, goldene Haare, die ihr auf den Rücken und ins Gesicht fielen. Dies und das exquisite Kleid, das sie trug, sicherten ihr die Aufmerksamkeit aller Männer im Raum. Ihre Handtasche allerdings war unpassend groß, definitiv ein Mode-Faux-Pas. Sie bewegte sich außergewöhnlich grazil und präzise, trotz der Sieben-Zentimeter-Absätze, und das enge Kleid verriet eine extrem durchtrainierte Figur. Für Miss Miller sah sie aus wie eine Akrobatin, die vorgab, ein hübsches Dummchen zu sein.

Dann war da der schwarzhaarige Kellner mit den durchbohrenden grünen Augen und der verräterischen Beule links unter seinem Jackett. Er tat so als würde er die Gäste wie die anderen bedienen, doch trug er nie ein Tablett oder servierte ein Getränk. Stattdessen wanderte sein Blick die meiste Zeit über die Menge im Raum. Ganz klar ein Sicherheitsbeamter. Beschützte er den Bürgermeister oder sicherte er für einen anderen Zweck ab? Ersteres schien wahrscheinlicher, aber das konnte Miss Miller nicht sicher wissen. Mit seinen 1,82 Meter legte man sich lieber nicht mit ihm an und er sah aus, wie der Typ, der schon ohne Humor geboren wurde.

Es gab keine erkennbaren Dienstmädchen oder Reinigungspersonal, doch von Zeit zu Zeit füllte eine Gehilfin des Kochs die Canapés wieder auf oder nahm schmutzige Teller mit. Es gab drei, die eindeutig nach Gehilfen des Kochs aussahen – sie trugen alle leuchtend weiße Jacken und Hüte. Alle drei blickten irgendwie gequält, was auf einen strengen Chef schließen ließ. Besonders eine, ein unscheinbares, junges Mäuschen, nicht größer als 1,67 Meter, stand jedes Mal den Tränen nahe, wenn sie den Raum betrat.

Als alle Gäste saßen, betrat der Bürgermeister persönlich die Bühne. Er wurde von stürmischem Applaus begrüßt. Der Champagner floss kostenlos an diesem Abend und die Gäste schäumten über vor Begeisterung. Genau wie die anderen Sprecher vor ihm, erzählte er eine Reihe Anekdoten, die zeigen sollten, wie toll er war.

Doch plötzlich gingen die Lichter aus.

Die Leute erschraken, einige quiekten und Chaos brach aus. Gläser zerbrachen und Frauen schrien. Türen schlugen zu. Noch mehr Schreie und ein schmerzvolles Aufheulen.

2. DAS FEUERAUGE

„RUHE", bellte jemand im Befehlston. Als sich der Tumult gelegt hatte, fügte der Sprecher hinzu: „Jeder bleibt an seinem Platz."
Kurz darauf gingen die Lichter wieder an – eine beeindruckende Leistung des Teams des Bürgermeisters. Mehrere aufgeregte Seufzer gingen durch den Raum. Als die Leute anfingen zu murmeln, sprang der falsche Kellner auf die Bühne und schwenkte seine Waffe und Dienstmarke. „Keiner bewegt sich", sagte er. Miss Miller nutzte den Moment des Schweigens, um sich umzusehen. Das Feuerauge war natürlich verschwunden. Genauso wie die Frau in Aquamarin. Sie war nicht die einzige – mehre Leute waren geflüchtet, als das Licht ausging – aber ihr Fehlen fiel am meisten auf. Der Polizist hatte ihre Abwesenheit auch bemerkt. Er machte ein langes Gesicht und ließ die Schultern hängen, obwohl er nichts sagte.

Der Weg von der Bühne zur Tür schien zu lang zu sein für die Zeit zwischen dem Scheppern der Gläser und dem Wiederangehen der Lichter, auch für eine Akrobatin. Miss Miller blickte nachdenklich zur Bühne. Sich im Stockdunkeln heimlich auf einen Stuhl zu setzen, wäre zu riskant gewesen. Zumindest die Leute neben einem hätten das bemerkt. Doch nur sehr wenig Leute standen tatsächlich. Der Bürgermeister und sein Assistent standen auf der Bühne, völlig erschüttert. Der Bürgermeister sah wahrscheinlich schon, wie seine Karriere den Bach hinunterging. Der Polizist war der andere Mann auf der Bühne und sah resigniert, fast besiegt aus.

Einige andere im Raum saßen auch nicht. Zuvorderst nur wenige Meter von der Bühne entfernt stand der vermeintliche Oberst. Mit zusammen gekniffenen Augen blickte er konzentriert durch den Raum, als ob er allein mit Bestimmtheit denn gestohlenen Rubin wie ein Wunder wieder herbeizaubern konnte. Zum Glück half er auch dabei, die Ruhe im Raum zu bewahren. Sobald sich jemand auf seinem Stuhl bewegte, genügte ein angsteinflößender Blick von ihm, damit die Person sich nicht mehr regte. Als er dasselbe bei Miss Miller versuchte, lächelte sie ihn zuckersüß an. Er wurde sofort bleich und blickte woanders hin. Eine schlanke Frau in einem dunkelgrauen Kleid stand ebenfalls. Wie sie so dastand, schien es, dass sie sich mit einer Person unterhalten hatte, doch niemand am Tisch schien ihr besondere Aufmerksamkeit zu schenken. Mit ihren 1,75 Metern war sie etwas größer als die Durchschnittsfrau, doch sonst sah sie eher unscheinbar aus – mittellanges Haar, gewöhnliche Haarfarbe, Kleidung von Qualität aber nichts auffälliges, ein freundliches Gesicht, das aber wahrscheinlich keinen Mann verrückt machte, und flache Schuhe. Alles an ihr wies auf eine gefestigte, ruhige Persönlichkeit hin.

Neben der Bar standen zwei Männer. Trotz der räumlichen Nähe zueinander, schienen sie sich nicht zu kennen. Der eine, Mitte zwanzig, hatte sich eindeutig zu viel am kostenlosen Champagner bedient. Er hatte die Krawatte gelockert, das Jackett aufgeknöpft und wankte in seiner ganzen Größe von 1,77 Meter leicht hin und her, während er ab und zu blinzelte. Der Siegelring wies auf eine universitäre Ausbildung hin und der Schnitt seines

2. DAS FEUERAUGE

Outfits verriet, dass er aus einer wohlhabenden Familie stammte. Die Länge und Form seiner Frisur zeugten von einer leichten Laissez-Faire-Attitüde, doch die Finger, mit denen er sich am Ellbogen kratzte, zeugten von Flinkheit.

Der andere Mann sah älter und weniger offen aus. Er schien genauso zugeknöpft wie sein Hemd. Er war mehrere Zentimeter kleiner als sein unfreiwilliger Nachbar und seine starre Haltung verriet eine starke Abneigung. Er war schlank, hatte eingefallene Wangen, dünne Lippen und übergroße Augen, was ihn wie ein Pastor aussehen ließ. Jedes Mal, wenn er einatmete, bebten seine Nasenflügel. Sein Outfit entsprach seinem nüchternen Charakter, förmlich und korrekt wie es die Anständigkeit verlangte, ohne ein Zugeständnis an Individualität und Verspieltheit. Wenn er tatsächlich ein Pastor war, lieferte die Party ihm ausreichend Stoff für seine Sonntagspredigten. Doch warum stand er bei den Getränken?

Auf der anderen Seite des Raums, den Männern gegenüber, stand ein schlanker Kochgehilfe an der Wand. Er trug dieselbe Kleidung wie die anderen Gehilfen und blickte genauso besorgt. Wie Miss Miller erkennen konnte, trug er braune, flache Schuhe. Zu spät wieder in die Küche zu kommen, war sicherlich in den Augen des Kochs ein großes Vergehen. Die Locke, die ihm aus der Kochmütze fiel, sprach sicherlich auch nicht für ihn. Es war schwer zu sagen, aber er schien ungefähr 2,5 Zentimeter größer als der mögliche Pastor zu sein. Sie versuchte ihn beruhigend anzulächeln, doch er blickte starr zu Boden, sodass sie ihn nicht komplett erkennen konnte.

Am nächsten zur Tür stand eine junge Frau mit in einer Dienstmädchenschürze. Sie hielt eine Kehrschaufel und Besen in der Hand und blickte unbehaglich im Raum hin und her. Ihr braunes Haar war stramm aus dem Gesicht zu einem Dutt gebunden. In den grauen, intelligenten Augen stand tiefe Besorgnis. Mit einer Größe von 1,70 Meter war sie nicht sonderlich groß, doch die hohlen Wangenknochen deuteten an, dass sie zu einer Schönheit heranwachsen würde. Das Leben als Dienstmädchen ist nicht immer einfach, dachte Miss Miller. Doch das war hier nicht das Problem.

Miss Miller blickte sich noch einmal im Raum um und kam zu einer Entscheidung. Sie stand auf und ging, trotz der lautstarken Proteste des Oberst, zur Bühne. Der Polizist blickte zum Bürgermeister, der ihm zunickte, während kurz Hoffnung in seinem Blick aufflammte.

„Was gibt es, Ma'am?", fragte der Polizist.

2. DAS FEUERAUGE

„Nun", sagte Miss Miller leise, „ich bin mir fast hundertprozentig sicher, dass sich der Dieb noch im Raum befindet. Ich kann Ihnen auch sagen, wen Sie zuerst befragen sollten."

Wen verdächtigt Miss Miller und warum?

TIPPS:
DER DIEB IST EIN MEISTER IM VERKLEIDEN.
DER DIEB HAT DAFÜR GESORGT,
DASS DIE LICHTER AUSGEHEN.
DIE LICHTER GINGEN SCHNELLER WIEDER AN,
ALS DER DIEB ERWARTET HATTE.
DER OBERST HAT NICHTS MIT DEM DIEBSTAHL ZU TUN.
DER DIEB WAR DIE FRAU IN TÜRKIS.
GENAU WIE ER FÜR DEN LICHTAUSFALL SORGTE, HATTE
DER DIEB NÜTZLICHE VERKLEIDUNGSSTÜCKE IM RAUM
VERSTECKT.
DER DIEB IST IMMER NOCH IM RAUM.

3. DAS LETZTE RENNEN

Der Derby Day war immer ein aufregender Tag, doch in diesem Jahr sorgte er für ungewöhnliche Aufregung. Das große Rennen war das 1500 Guinea Stakes und der Star der Rennbahn hieß Flying Dutchman, ein dreijähriges Hengstfohlen mit einer langen Liste an Spitzenrekorden. Sein Jockey, Liam Cannon, war der aufsteigende Star in Rennsportkreisen. Bis vor kurzem war er eher unbekannt, doch dank seiner wiederholten beeindruckenden Erfolge hatte er großes Interesse auf sich gezogen. Er galt allgemein als öffentlichkeitsscheu, was ihn nur noch interessanter wirken ließ. Deshalb durfte er bei dem Pferderennen auch das beste Pferd reiten und Flying Dutchman galt als Runaway-Favorit des Rennens.

Oliver James war genau wie alle anderen sehr verblüfft über den Ausgang des Rennens. Flying Dutchman schoss aus der Startbox in die Führungsposition, um danach langsamer zu werden. Auf einer Länge wurde er von dem drittplatzierten Oh No, Not Again eingeholt. Nach zwei weiteren Längen befand sich Flying Dutchman am Ende des Feldes, wo er bis zum Ende blieb und als letzter ins Ziel kam, während Salomes Private Dance unter lauten Verzweiflungsrufen erster wurde. Oh No, Not Again und Platos Dice galoppierten auf Platz zwei und drei.

Die Leute nahmen an, dass Flying Dutchman aufgrund einer Verletzung gehumpelt hatte, doch er ging ganz normal. Cannon gab keine Erklärung ab, sondern schmiss wütend die Peitsche in Richtung Publikum und stürmte von der Rennbahn. Tragischerweise wurde der junge Ire kurz darauf von einer Kugel getroffen tot aufgefunden. Gerüchte behaupteten, er habe sich selbst das Leben genommen.

3. DAS LETZTE RENNEN

Oliver grübelte gerade über die überraschende Wendung des Wettkampfes, als jemand seinen Namen rief. Anthony Long, ein alter Freund, bahnte sich den Weg zu ihm durch die Menge.

„Tony! Schön dich zu sehen", sagte Oliver.

„Dich auch, Olly. Ich habe gehofft, dich noch anzutreffen."

Oliver hob eine Augenbraue: „Ach ja?"

„Etwas an dieser Sache stinkt ganz gewaltig. Liam war kein Busenfreund, aber in den letzten Monaten habe ich ihn näher kennengelernt. Er ritt einige Male für den Stall meines Vaters. Er war ein guter Mann und gläubiger Katholik. Er hätte sich niemals das Leben genommen, unter keinen Umständen. Wir müssen herausfinden, was passiert ist."

„Ich bin mir sicher, dass die Polizei –"

Tony lachte sarkastisch. „Vielleicht wenn Inspektor Paddington Parnacki hier wäre. Aber das ist er nicht und der Hauptkommissar ist ein Schwachkopf, der etwas gegen Iren hat. Für ihn ist die Welt sowieso besser dran ohne Liam und er schert sich nicht darum, was passiert ist. Nein, es ist unsere Aufgabe ihnen

zu beweisen, dass sie in dieser Sache ordentlich ermitteln müssen. Vater hat viel Einfluss hier, deswegen habe ich Beziehungen und kann dafür sorgen, dass wir die Erlaubnis bekommen, uns hier einmal genau umzuschauen. Insbesondere jetzt, wo die Polizei das Interesse an dem Fall verliert, denke ich."

„Verstehe", sagte Oliver bestürzt.

„Bist du dabei? Ich brauche deine Hilfe."

„Natürlich, Kumpel."

„Großartig. Dann sehen wir uns zuerst die Stelle an, wo sie den armen Liam gefunden haben."

Tony stürmte davon und Oliver folgte ihm zu einem kleinen Lagerhäuschen hinter der Küche des Rennbahngeländes. An der Tür stand ein gelangweilter Polizist, der die Arme verschränkte, als er Tony und Oliver kommen sah.

„Hier kommen Sie nicht rein, meine Herren", sagte er zu ihnen.

Tony ignorierte ihn geflissentlich. „Das ist die Stelle, Olly. Es ist nur ein kleiner Raum mit weißgetünchten Wänden und Boden. Ich glaube, da drinnen liegen ein paar Kartoffelsäcke, jedenfalls lagen sie heute Morgen dort. Aber das ist auch schon alles. Wie du siehst, ist dies eine ruhige Stelle auf dem Gelände. Aber nicht so ruhig, dass da keine Fußspuren von einer Person im Matsch wären."

Nickend sagte Oliver: „Ja, ich verstehe, was du meinst. Nicht der schlechteste Ort, um sich kurzer Hand selbst umzubringen." Er blickte Tony an. „Damit will ich nicht sagen, dass er es getan hat. Es ist nur eine gute Stelle dafür."

Der Polizist seufzte laut und theatralisch.

„Oder für ein falsches Spiel", fügte Tony hinzu. „Komm mit."

Sie entfernten sich von dem immer wütender werdenden Polizisten und gingen um das Haus herum hinter die Küche. Gekocht wurde im Inneren des einfachen Häuschens, hinter dem sich ein Flecken ordentlich gemähten Rasens mit einem

3. DAS LETZTE RENNEN

Kiesweg in der Mitte befand. Auf dem Boden standen Getränkekisten und Plastiksäcke und Leute wuselten in und vor der Küche herum.

„An Wettkampftagen ist hier immer viel los", sagte Tony. Er fing den Blick von jemandem in der Küche auf und winkte ihm, er solle nach draußen kommen. „Zum Glück habe ich herausgefunden, wer die Leiche entdeckt hat."

Kurz darauf kam ein Koch ihres Alters aus der Küche gehastet und zog Tony hinter einen Stapel von Kisten. Er war schlank, hatte dünnes Haar und einen bestimmten Gesichtsausdruck. Tony reichte ihm einen Geldschein und sagte: „Hallo Landon. Bitte erzähle meinem Freund Oliver, was du mir erzählt hast."

Der Mann nickte. „Klar, Mr. Long. Ich bin unter anderem für die Kartoffeln zuständig. Die ersten beiden Säcke habe ich heute Morgen gemacht, aber das war zu wenig. Also sagte

die Köchin zu mir, ich solle noch einen dritten machen. Die Kunden essen Kartoffelbrei in Unmengen, wenn es regnet. Also ging ich zurück, um den dritten Sack zu holen, und da lag der arme Mr. Cannon mitten auf dem Boden. Im ersten Augenblick habe ich es nicht gerafft. Ich meine, er lag da, sauber und ordentlich, in seinem kompletten Jockeydress. Als ob er für ein Foto posieren würde. Aber er lag einfach nur flach da und der Kopf war ganz verdreht. Dann sah ich das Blut längs an seinem Hals heruntertropfen. Ich schrie, muss ich zugeben."

„Dann riefen Sie die Polizei?", fragte Oliver.

„Nein, die kamen schon angerannt. Viele der Kerle aus der Truppe sind Pferdeliebhaber, wissen Sie. Die kommen immer zum Zugucken. Sie warfen einen kurzen Blick hinein und verhörten mich dann. Dann ging es hier zu wie im Taubenschlag. Er war bereits kalt, genau wie die Waffe, und ich war bis zu dem Zeitpunkt in der Küche gewesen, also ließen sie mich zurück zur Arbeit. Die Köchin war natürlich fuchsteufelswild. Sagte, ich hätte den Sack Kartoffeln nehmen sollen, bevor ich

3. DAS LETZTE RENNEN

anfing zu schreien. Dafür werde ich die nächsten Wochen bezahlen, das steht fest. Mir tut es aber wirklich leid um den armen Mr. Cannon. Er war immer so freundlich. Normalerweise kam er vor einem Rennen her, um ein Obsttörtchen zu essen. Doch heute Morgen hat er es nicht geschafft." Landon verstummte und blickte traurig drein.

Tony klopfte ihm auf die Schulter.

„Gerade ist mir klar geworden, dass er sich nie wieder sein Obsttörtchen bei mir abholen wird", sagte Landon, „Schon komisch."

„Holte er sich jedes Mal vor einem Rennen etwas?"

„Meistens schon, aber nicht immer. Ein- oder zweimal kam er nicht, weil er zu nervös war. Er war nicht so verrückt wie einige der anderen Reiter mit ihren abergläubischen Ritualen. Ich habe noch keinen Jockey getroffen, der nicht mindestens ein Ritual hat. Das gilt ebenfalls für die meisten Besitzer. Ich denke, das ist so ein Kontrollding. Darum liebe ich das Kochen. Es liegt alles in meiner Hand. Brot verbrennt nicht, nur weil das Mehl zu flockig war oder das Salz einen Urlaubstag genommen hat, wenn Sie verstehen, was ich meine."

„Natürlich, Landon." Tony lächelte den Mann an. „Danke für deine Zeit. Richte der Köchin Grüße von Vater aus, ihr Lamm heute Mittag war exzellent."

„Werde ich machen, Mr. Long. Tschüss." Er hastete wieder zurück in die Küche.

„Interessant", sagte Oliver.

Tony nickte. „Allerdings. Es gibt noch eine Person, mit der du reden solltest." Er führte sie wieder zurück über das Gelände in den Bereich der Wettbewerber.

Da kam Oliver plötzlich ein Gedanke. „Tony, über diesen Überraschungssieg müssen sich die Buchmacher ja sehr gefreut haben."

Tony seufzte. „Die sind natürlich total aus dem Häuschen. Klar, wenn du einen von denen fragen würdest, würde jeder sicherlich sagen, wie tragisch es ist, aber Tatsache ist, dass die Buchmacher das meiste Geld machen, wenn der Favorit verliert. Wenn ein Runaway Pick wie Flying Dutchman nicht mal unter den ersten fünf ist …nun, das ist wie Weihnachten für die. Es gibt natürlich dann und wann glückliche Gewinner, die einen verrückten Tipp abgegeben haben, aber das sind dann nur Peanuts im Vergleich zu der Summe, die unter den Gewinnern von vorhersehbaren Siegen aufgeteilt werden."

Als sie die Stallboxen erreichten, kam ihnen ein junger, anmutiger Mann Anfang zwanzig entgegen. Er war in dem typischen Outfit eines Pferdepflegers gekleidet – dunkle Hose, die am Knie enger und an den Oberschenkeln aufgeplustert war, ein dickes, weißes Hemd und eine dunkle Weste.

„Ramiro arbeitet für Mason Abraham, den Besitzer von Flying Dutchman", erklärte Tony. „Das ist Oliver James, Ramiro. Er hilft mir, Liams Tod zu verstehen."

„Ich weiß nicht, ob irgendjemand das je verstehen wird", sagte Ramiro, „aber ich helfe, so gut ich kann."

„Du hast Liam gestern Abend gesehen, oder?", fragte Tony.

„Ja, er war außer sich vor Wut, stürmte wild herum und murmelte vor sich hin, ähm, er wolle jemanden in der Luft zerreißen."

„Weißt du, worum es ging?"

„Um einen Brief. Aber ich habe keine Ahnung, was drinstand. Liam warf ihn ins Feuer, ohne zu sagen, was da stand. Er fluchte noch, als er ging."

Oliver kniff nachdenklich die Augen zusammen. „Haben Sie ihn heute Morgen gesehen?"

„Klar, aber es musste ihm wirklich peinlich gewesen sein. Er kam sehr spät, sprach mit niemandem und brachte es so gerade fertig sich bei Mr. Abraham für sein Verhalten vor uns allen zu

3. DAS LETZTE RENNEN

entschuldigen. Keiner von uns hat ihn danach nochmal gesehen. Er blieb nicht einmal mehr mit Flying Dutchman auf der Koppel. Und dann hat er sich umgebracht."

„Nein", sagte Oliver. „Das hat er definitiv nicht getan."

Wie kann sich Oliver so sicher sein? Was ist passiert?

TIPPS:
JEMAND WOLLTE, DASS LIAM DAS RENNEN ABSICHTLICH VERLIERT.
FLYING DUTCHMAN HÄTTE SICHERLICH GEWONNEN, WENN ER ES GEDURFT HÄTTE.
LANDON HAT NICHTS MIT DEM MORD ZU TUN.
MASON ABRAHAM HAT IM RENNEN VIEL GELD VERLOREN.
TONY IST DIE GANZE ZEIT KOMPLETT EHRLICH ZU OLIVER.
DAS BLUT WAR DER GRUND, WARUM DIE POLIZEI DEN FALL AM ENDE DOCH ERNSTHAFT UNTERSUCHTE.
DER BRIEF, DEN LIAM AM ABEND VORHER ERHIELT, WAR EINE WARNUNG.

4. DAS GRAND HOTEL

Luxushotels hatten stets einen unangenehmen Beigeschmack, dachte Inspektor Parnacki. Eine übertrieben prunkvolle Atmosphäre, die einem das Gefühl gab, in einer anderen Welt zu sein. Und genau in dieser Kulisse ereigneten sich die grausamsten Verbrechen. Führte diese Seifenblase dazu, dass die Menschen dachten, sie wären dort sicherer vor Konsequenzen und Vergeltungsschlägen? Oder lag es daran, dass die Gäste von vorne bis hinten bedient wurden und sie sich vormachten, sie seien über allem erhaben? Er seufzte. Es schien eher, dass die Leute, die sich ein solches Etablissement leisten konnten, im Vergleich zur Allgemeinheit, keine Seele besaßen.

Jedenfalls war das Grand ein Paradebeispiel für diesen Schlag Mensch. Dicke Teppiche, luxuriöse vergoldete und verchromte Möbelstücke inmitten von Gemälden, Statuen, Blumen und Fresken. In der Lobby tummelten sich selbstverliebte Gäste mit Pelz und Lakaien im Gepäck. Überall flitzten Hotelpagen und Kellner in ihrer Uniform herum – Hemd, Schuhe und Handschuhe in Weiß, Jackett und Krawatte, Kummerbund, Hose und ein runder, randloser Hut in Himmelblau.

Braden Smallwood hatte ein Vermögen in der Transportbranche gemacht. Er war vergleichsweise jung, als sein Vater ihm Vermögen und Geschäftspartner vererbte, und er sich auf den Schienenverkehr und die Schifffahrt spezialisierte. Schnell stieg er in die wohlhabende Elite der Region auf, dank einer ertragreichen Strategie aus hohen Preisen, schlechtem Service und miesem Personalmanagement. Wenn mehr Arbeiter in seinen Unternehmen umkamen als bei den vier Konkurrenten der Branche arbeiteten, war das eine Last, die er gerne auf sich nahm.

4. DAS GRAND HOTEL

Er hatte eine Menge missgünstiger Feinde gesammelt, doch mit Geld konnte man sich Schutz von den Armen erkaufen und Vergebung von den Reichen. Gelegentlich gelang es einem unglückseligen Elternteil, Ehepartner, Geschwisterkind oder Kind ihn mit Dreck zu bewerfen oder ihn anderweitig zu beschimpfen, doch nichts konnte Smallwoods Federkleid zerzausen. Die einzige Konsequenz für seinen Gegenspieler wäre unweigerlich eine lange Gefängnisstrafe.

Jetzt schien es, als hätte sich dem Mann endlich jemand entgegengestellt und sich die Zeit genommen, seine Missgunst ihm gegenüber auf ungewöhnlich harsche Art zum Ausdruck zu bringen. Parnacki schritt durch die Lobby, scheuchte die aufgebrachten Hotelpagen beiseite und ging in den zweiten Stock.

Smallwood war in Zimmer 16, neben dessen Tür zwei Polizisten Wache standen. Das Zimmer war eigentlich eine Suite im Stil des restlichen Hotels. In einem Raum stand ein sehr großes Himmelbett, während in dem anderen – ein geschmackvoll eingerichteter, aber gemütlicher Salon – zwei Ohrensessel neben einem Kaminfeuer standen, daneben ein Zweiersofa und ein hübscher Diwan an der Wand. Große Fenster sorgten für ein leichtes, luftiges Gefühl.

Die Leiche saß, von der Hüfte aufwärts nackt, in einem der Ohrensessel. Eine Schere stach aus einer Augenhöhle hervor und angesichts der Blutmenge auf der Brust konnte man davon ausgehen, dass sie mehrmals ins Auge gestochen worden war. Smallwoods Koffer waren hastig durchsucht und deren Inhalt im Raum verteilt worden. Wie es aussah, war mindestens ein weißes Hemd im Kamin gelandet und fast vollständig verbrannt. Glücklicherweise war kein größeres Feuer ausgebrochen.

Parnacki schritt nachdenklich im Zimmer hin und her, während er auf seinen ersten Zeugen für die Vernehmung wartete. Außer den verteilten Kleidungsstücken und dem Blut, das die Leiche umgab, war alles an seinem Platz. Im Schlafzimmer und Badezimmer lagen keine persönlichen Gegenstände, was vermuten ließ, dass Smallwood erst vor Kurzem angereist war. Im Salon buhlten eine Kanne Kaffee, ein Tablett mit Sandwiches und eine Obstschale sowie eine große Flasche Champagner und zwei Gläser um Platz auf dem Tisch.

Mit einem Klopfen an der Tür kündigte sich Alison Farris, ein Dienstmädchen mit großen Augen Anfang zwanzig, an. Parnacki

4. DAS GRAND HOTEL

führte sie in die gegenüberliegende Suite, die das Hotel Parnacki enthusiastisch zur Verfügung gestellt hatte. Genau wie das Personal in der Lobby trug sie ein blauweißes Outfit, das etwas unordentlich aussah und von einer Schürze bedeckt wurde.

„Sie haben Mr. Smallwood heute Nachmittag bedient?", fragte Parnacki nachdem sie sich gegenseitig vorgestellt hatten.

„Ja, Sir", sagte Alison. Sie war sichtlich nervös.

„Könnten Sie mir davon berichten?" Parnacki lächelte freundlich.

„Natürlich, Sir."

Parnacki nickte motivierend.

„Oh! Nun, Lucille sagte mir, dass 16 ein Problem mit einem Kissen habe und dass ich hochgehen solle, um nachzusehen, was los ist – oh, Lucille, das ist die Flurleiterin in der Schicht, und sie hat einen ziemlich strengen Ruf, den sie sich hart verdient hat, und natürlich wollte ich sie keineswegs verärgern, also ging ich direkt hin. Ich klopfte an die Tür der 16 und er sagte sehr ungeduldig ‚herein', also trat ich herein, aber nicht ungeduldig natürlich, das wäre unhöflich und das dürfen wir nicht sein, es ist sehr wichtig, dass sich der Gast willkommen fühlt." Sie atmete einmal tief durch. „Also betrat ich die Suite und der Gast stand im Türrahmen zwischen dem Salon und dem Schlafzimmer mit einem Kissen in der Hand, aber nicht so als würde er damit kuscheln, nein, er hielt es weit von sich gestreckt, als ob es stinken würde oder so, und er hatte diesen beleidigten Blick. Ich bemerkte, dass er das Sandwich und den Kaffee nicht angerührt hat, obwohl er vorher so einen Wirbel darum gemacht hatte, und er sagte zu mir ‚Das ist schmutzig', und mein erster Gedanke war, ihm zu versichern, dass es das ganz sicher nicht ist, weil ich selbst es erst dort vor weniger als zwei Stunden hingelegt hatte und ich einem Gast niemals ein dreckiges Kissen hinlegen würde, aber ich weiß ja, dass ich niemals mit einem Gast diskutieren darf, deswegen entschuldigte ich mich und sagte ihm, dass ich es sofort austauschen würde, und es mir sehr

leid täte und ich nicht wüsste, wie es dahin käme." Ein weiterer bebender Atemzug. „Ich verließ das Zimmer sofort mit dem Kissen und natürlich war es einwandfrei sauber, aber mit manchen Leuten kann man einfach nicht diskutieren, also ging ich in die Wäschekammer, bezog ein neues Kissen mit einem frischen Bezug und ging zurück zur 16, klopfte an die Tür und ging hinein. Er nahm es mir ab, schnaubte und sagte: ‚Das geht‘, als ob ich ihm auf einem Stück Sack schlafen lassen würde, also machte ich das Bett und verließ das Zimmer wieder. Das war alles, Sir."

Parnacki blinzelte als sie endlich innehielt. „Ich…verstehe. Und welchen Eindruck machte Mr. Smallwood auf Sie?"

„Denselben wie die meisten Gäste, Sir. Dass er mir in einem Moment am liebsten die Haut abziehen und mich im nächsten küssen würde, wenn Sie verstehen, was ich meine."

4. DAS GRAND HOTEL

„Allerdings. Und die Suite? Ist Ihnen etwas Unordentliches aufgefallen?"

„Nun, jetzt, wo Sie es sagen, mir gefiel die Marmorbüste in der 16 noch nie, die von dem Entdecker, irgendetwas stimmt mit dem Gesicht nicht ...aber das haben Sie wahrscheinlich gar nicht gemeint, Sir. Nein, alles sah in Ordnung aus, alles blitzblank. Bis auf die Büste. Aber die sieht immer so aus. Also alles in Ordnung."

„Vielen Dank, Miss Farris", sagte Parnacki. „Ich rufe nach Ihnen, falls ich noch Fragen an Sie habe."

Das Dienstmädchen nickte eifrig und erhob sich. „Darf ich sagen, was für eine Freude es wahr, Sie zu treffen, Inspektor, wirklich eine große Freude. Sie sind ein echter Gentleman, Sir. Guten Tag."

Sobald sie weg war, erlaubte sich Parnacki ein ungläubiges Kopfschütteln. Diese Miss Farris war gerissener als sie aussah. Wie viele andere.

Der nächste Kandidat auf seiner Liste war Damian Edwards, einer der Kellner. Edwards war ein streng aussehender Mann Anfang dreißig, sauber rasiert, schwarzhaarig mit einer passenden Krawatte. Er saß kerzengerade, doch spielte er am Saum seiner Uniform herum, wenn er nachdachte.

„Sie haben die Leiche gefunden, Mr. Edwards?", fragte Parnacki.

Edwards schreckte kurz zusammen. „Ja", antwortete er leise, „es war ..."

Parnacki wartete geduldig.

„Schrecklich", stieß der Mann aus, „ekelig, widerlich. Entschuldigung. Das hier ist nicht leicht für mich."

Nickend sagte Parnacki: „Und wollten Sie etwas ins Zimmer bringen?"

„Nein, ich habe die Obstschale in Zimmer 18 aufgefüllt. Ich hörte von nebenan eine Art Rauferei, also ging ich los, um nachzusehen. Als ich die 16 erreichte, wurde die Klinke heruntergedrückt und die Tür von innen aufgerissen. Ein Mann rannte den Flur in die andere Richtung entlang. Ich habe sein Gesicht nicht gesehen, aber er trug einen Nadelstreifenanzug und seine Hände waren blutig. Ich blieb abrupt im Flur stehen und starrte einfach nur. Ich verstand nicht, war wie gelähmt. Als ich wieder zu mir kam, ging ich im Zimmer nachsehen und da entdeckte ich Mr. Smallwood total zerhackt."

„Können Sie mir den Angreifer beschreiben?"

„Über 1,77 Meter, ziemlich muskulös mit einem kurzen Bart und Schnurrbart. Ein Nadelstreifenanzug, wie gesagt. Dunkelbraune Haare."

„Ist Ihnen noch etwas aufgefallen, das uns helfen könnte?"

„Ich fürchte nicht."

„Und nur um sicher zu gehen, Sie haben nichts in der Suite angefasst, oder?"

„Nein, natürlich nicht. Vielleicht habe ich mich an der Wand abgestürzt, als ich die Leiche entdeckte, aber ich habe sicher nichts angefasst."

„Vielen Dank Mr. Edwards", sagte Parnacki. „Ich werde nach Ihnen schicken, falls ich weitere Fragen habe."

4. DAS GRAND HOTEL

Sobald er gegangen war, steckte einer der Polizisten von Zimmer 16 den Kopf in Zimmer 18, wo Parnacki nachdenklich Pfeife paffte. „Sind Sie bereit für die Schichtleitung, Sir? Lucille Clark?"

„Nein, danke, Mr. Mayhew. Ich glaube, wir brauchen sie jetzt nicht zu stören. Ich weiß wo und wer der Mörder ist."

Wer ist der Mörder und woher weiß Parnacki das?

TIPP:

PARNACKI WURDEN MEHRERE LÜGEN ERZÄHLT.

SCHAUT EUCH DIE ALIBIS DER VERDÄCHTIGEN AN.

MISS FARRIS IST ETWAS ÄLTER ALS SIE AUSSIEHT.

DER MÖRDER HEGTE EINEN PERSÖNLICHEN GROLL GEGEN BRADEN SMALLWOOD.

ES WURDEN KEINE WERTGEGENSTÄNDE VON SMALLWOOD GESTOHLEN.

DIES WAR NICHT DER ERSTE MORD IM GRAND HOTEL.

MEHRERE KLEIDUNGSSTÜCKE WURDEN INS FEUER GEWORFEN.

5. DER CLUB

Der Crockvale Club war einer der beliebtesten Herrenclubs der Stadt und hatte einen eher verwegenen Ruf. Die Security machte einen guten Job, doch konnte sie gelegentliche Skandale nicht vermeiden. Unter den gegebenen Umständen war Inspektor Parnacki nicht sehr überrascht, als er von der Attacke hörte, die sich am Samstagabend, dem jährlichen Spielwochenende des Clubs, ereignet hatte.

Christopher Britton war der Sohn eines Bekannten und ein führendes Mitglied im Vorstand des Crockvale Clubs. Man hatte ihn um 17 Uhr 30 bewusstlos in einer Toilettenkabine im Club gefunden. Ersten Ermittlungen zufolge musste er mit dem Kopf hart gegen die Wand gestoßen sein. Brittons Aktenkoffer, den er immer bei sich trug, war verschwunden, weswegen man von einem Verbrechen ausging.

Sobald Parnacki im Club ankam, wollte er zunächst mit Ray Smith sprechen, Brittons enger Freund aus dem Vorstand. Smith war groß, Anfang fünfzig und sehr besorgt. „Christopher ist immer noch nicht wach", erzählte er Parnacki. „Wir haben ihn vor drei Stunden gefunden und vor fünf Stunden wurde er zum letzten Mal gesehen. Die Ärzte tun alles, aber sie sind sich nicht sicher, dass er überlebt."

„Man sagte mir, ein Aktenkoffer wurde gestohlen?"

„Richtig. Er wollte dem Sieger des Soloturniers später am Abend eine Auszeichnung überreichen, deswegen haben wir uns einen sehr besonderen Preis ausgedacht – ein Set von Edelsteinen in Würfel eingefasst. Es wurde um 14 Uhr von einem sicheren Versandservice geliefert. Sie sind vielleicht nicht in Gold gefasst, aber die Edelsteine selbst sind sehr wertvoll."

5. DER CLUB

„Wusste noch jemand davon?"

„Von dem Wettbewerb? Natürlich, aber niemand außerhalb des Vorstands wusste von der Lieferung."

„Und innerhalb des Vorstands?"

Smith blickte ihn überrascht an. „Christopher und ich trafen uns kurz zum Mittagessen in der Bar mit ein paar anderen Mitgliedern. Da sprachen wir kurz darüber. Aber …" Er verstummte.

„Könnte Sie jemand gehört haben?"

„Nein, wir redeten sehr leise, damit uns niemand hörte."

Parnacki nickte. „Ich brauche die Namen der Mitglieder, mit denen Sie zu Mittag gegessen haben. Wo waren Sie überall im Laufe des Tages?"

„Natürlich, ich mache Ihnen eine Liste. Christopher eröffnete den Spieltag heute Morgen um 11 Uhr. Der ganze Vorstand war

gekommen. Anschließend trennten wir uns. Über den Tag verteilt fanden verschiedene Spiele statt zwischen denen die anderen hin- und hergewechselt sind. Alle fanden in der Nähe der Bar statt. Der Plan war von 17 Uhr 30 bis 19 Uhr eine Pause zum Ausruhen und Essen zu machen, und dann weiterzuspielen. Ich half Christopher im Hintergrund mit der Eröffnung und dann trafen wir uns von 12 Uhr 30 bis 13 Uhr zum Mittagessen. Ich blieb bei Christopher und wir führten neunzig Minuten lang Vorstellungsgespräche und nahmen um 14 Uhr die Lieferung entgegen. Um 15 Uhr 30 ging ich für eine Weile Russisches Whist spielen. Da habe ich ihn zum letzten Mal gesehen."
Während er redete, schrieb er Namen und Zimmernummern auf ein Stück Papier. „Das sind die Gästezimmer, in denen unsere Leute schlafen. Sie sind oben, ich habe ihnen gesagt, dass sie sich bereithalten sollen."

„Vielen Dank", sagte Inspektor Parnacki, „bitte geben Sie mir sofort Bescheid, wenn Mr. Britton aufwacht, während ich die Vernehmungen führe."

„Natürlich."

Der erste auf der Liste war Roger Jorgensen, ein herausgeputzter Mann Mitte vierzig mit einem aufgesetzten Lächeln und der Angewohnheit, sein Haar mit den Fingern zurückzukämmen. „Ich war um 14 Uhr 15 mit meiner ersten Solorunde an der Reihe."

„Wie bitte?", antwortete Parnacki.

„Oh, Entschuldigung. Der Club richtet heute neben den ganzen anderen Spielen Soloturniere aus. Alle Teilnehmer sind zu bestimmten Zeiten dran. Wir sind alle sehr aufgeregt wegen der Solos, weil es einen sehr guten Preis zu gewinnen gibt, und der jährliche Championtitel mit sehr viel Prestige verbunden ist. Meins war um 14 Uhr 15."

„Wie lief es?"

5. DER CLUB

„Ich bin nicht weitergekommen", sagte Jorgensen.
„Dann viel Glück fürs nächste Jahr", sagte Parnacki. „Wo waren Sie sonst noch im Laufe des Tages?"
„Nun, heute Morgen habe ich Roulette ausprobiert. Das war pünktlich zu Ende, sodass ich mich mit Christopher zum Mittagessen in der Bar treffen konnte. Danach haben Elliot und ich Verdecktes Würfelpoker gespielt. Ich war eine Stunde da, aber er ist vor mir ausgeschieden. Wesley hat meinen Platz eingenommen, und ich bin kurz für fünfzehn Minuten wieder in die Bar gegangen, um mir einen Schnaps gegen die Anspannung vor meinem Solo zu gönnen. Als das vorbei war, probierte ich Russisches Whist aus. Das spielte ich für eineinhalb Stunden und bin dann gegangen, um die letzte halbe Stunde vom Blackjack nicht zu verpassen. Von dort ging ich ins Pokerzimmer. Dustin war schon da und als das Spiel um 17 Uhr 30 zu Ende war, gingen wir zusammen nach oben in unsere Zimmer. Das ist alles."

Jay Richter war etwas jünger als Roger Jorgensen. Er war sehr gut gekleidet und wirkte leicht penibel. „Ich habe den Morgen im Pokerzimmer verbracht", erzählte er Parnacki. „Elli war die ersten fünfundvierzig Minuten ebenfalls da und ging dann zu seinem Solospiel. Nach dem Mittagessen mit Christopher blieb ich noch mit Dustin eine halbe Stunde länger in der Bar, wir redeten über persönliche Probleme. Dann ging er zu Elliot, der Gin Rummy spielte, aber mein Solo fing in fünfzehn Minuten an, deswegen blieb ich in der Bar sitzen und redete mit dem Barkeeper Daniel. Er übernahm die ganze Schicht von der Eröffnung am Mittag bis zum Ende um 17 Uhr 30. Ich war pünktlich zum Start von Russisch Whist, was ziemlich kompliziert ist, mit meinem Solo fertig, aber ich blieb auch nur dreißig Minuten, weil dann Blackjack anfing. Das ist meine Spezialität. Es dauerte zwei Stunden und danach versuchte ich mich beim Hazard. Elliot machte auch mit. Als das zu Ende war, ging ich zurück zur Bar. Dort traf ich Wesley, und wir hatten noch dreißig Minuten bis Daniel schließen wollte."

Dustin Holbrook war Ende zwanzig, und obwohl sein Haar und Outfit unordentlich aussahen, schien er nett. „Die erste Stunde habe ich Roulette gespielt. Roger und Wesley haben auch mitgespielt, aber Wes ging nach einer halben Stunde. Ich kam dreißig Minuten zu früh in die Bar, also dachte ich in Ruhe über ein paar Dinge nach. Nach dem Mittagessen blieb ich noch etwas länger, um mich mit Jay zu unterhalten. Anschließend spielten Elliot und ich neunzig Minuten Gin Rummy. Wir verließen das Spiel zusammen und ich ging weiter ins Pokerzimmer. Aber ich blieb nur eine halbe Stunde, weil ich bald mein Solo-Spiel hatte, und ich vorher noch einen Scotch trinken wollte. Ich kam um 15 Uhr 30 in die Bar, wo Elliot und Wesley saßen. Elliot verließ die Bar

5. DER CLUB

wie ich um 15 Uhr 45. Ich spielte mein Solo und gewann! Die zweite Runde sollte eigentlich um 19 Uhr starten, aber ich weiß nicht, wie es jetzt weitergeht. Wahrscheinlich fällt es dieses Jahr aus. Nach dem Solo ging ich zurück zum Poker. Roger spielte die letzte Stunde noch mit und dann sind wir hier nach oben gekommen."

Elliot Grayson war Mitte dreißig. Das kurze Haar und die aufrechte Haltung ließen vermuten, dass er früher einmal in der Armee diente. „Mein Solo war sehr früh, so hatte ich das miese Ding zumindest gleich hinter mir, aber ich war schlecht. Jedenfalls startete ich mit Jay im Pokerzimmer. Fünfundvierzig Minuten später war mein Solo-Spiel. Anschließend ging ich in die Bar. Dustin kam gleichzeitig an, wollte jedoch nachdenken – Probleme mit seiner Schwester –, also unterhielt ich mich mit dem Barkeeper. Nach dem Mittagessen mit Christopher, spielte ich Verdecktes Würfelpoker und danach, zusammen mit Dustin, die letzten neunzig Minuten einer Gin-Rummy-Partie. Er ging irgendwohin und ich landete für eine halbe Stunde beim Blackjack.

LEVEL 2

Nach einer fünfzehnminütigen Pause in der Bar ging ich zum Hazard, das eine Stunde dauerte. Ich hatte noch dreißig Minuten Zeit bis Spielschluss, also sah ich noch einmal kurz bei der Partie Russisches Whist vorbei. Ein Teufelsspiel ist das. Ich traf Wesley und Jay, die gerade die Bar verließen, und wir gingen gemeinsam auf unsere Zimmer."

Wesley McDermott sprach leise und zögernd. „Der Tag flog nur so an mir vorbei, fürchte ich", erzählte er Inspektor Parnacki. „Nach dem Startschuss um 11 Uhr probierte ich mit Roger und Dustin Roulette aus, aber nur für eine halbe Stunde. Ich wollte bei der ersten Stunde von Gin Rummy dabei sein. Die Partie ging bis Mittag. Danach war ich eine Stunde im Pokerzimmer und spielte dann die letzten dreißig Minuten beim Verdeckten Würfelspiel mit. Als Blackjack anfing, spielte ich das fünfundvierzig Minuten und ging von dort in die Bar. Dort blieb ich fünfundvierzig Minuten, Elliot und Dustin kamen fünfzehn Minuten nach mir in die Bar und blieben weitere fünfzehn Minuten, bevor Dustin sein Solo hatte. Ich sah kurz beim Russischen Whist vorbei, nur fünfzehn Minuten – das ist nicht mein Ding, glaube ich – und ging dann für dreißig Minuten zum Hazard. Elliot spielte auch mit. Danach ging ich direkt zu meinem Solo. Ich hab's total in den Sand gesetzt und ging für die letzte halbe Stunde hinüber in die Bar. Jay war schon da. Als wir in die Zimmer wollten, trafen wir Elliot und gingen gemeinsam hoch."

Inspektor Parnacki ging gerade nach unten in die Bar, als Ray Smith angelaufen kam, ganz blass im Gesicht. „Es ist das Schlimmste eingetreten, Inspektor. Christopher ist verstorben."

„Mein herzliches Beileid", sagte Parnacki zu ihm, „Wir werden jeder kleinsten Spur nachgehen, um den Mörder zur Rechenschaft zu ziehen. Einer von Ihrer Mittagessenrunde hatte die Gelegenheit den Mord zu begehen und während wir uns in den

5. DER CLUB

Ermittlungen erst einmal auf ihn konzentrieren, werden wir allen Spuren gründlich nachgehen."

Wer hatte Zeit die Edelsteine zu stehlen und wann?

TIPPS:
DER BARKEEPER, DANIEL, ÖFFNETE DIE BAR UM DIE MITTAGSZEIT UND SCHLOSS UM 17 UHR 30. ER SCHÄTZTE, DASS EINER ODER MEHR DER FÜNF PERSONEN, DIE ZUSAMMEN MITTAG ASSEN, FAST 60 PROZENT DES TAGES IN DER BAR WAREN.
DAS ROULETTE-SPIEL DAUERTE VON 11 UHR BIS 12 UHR 30.
DAS POKERZIMMER WAR DIE GANZE SPIELZEIT ÜBER VON 11 UHR BIS 17 UHR 30 GEÖFFNET.
BLACKJACK DAUERTE VON 14 UHR 30 BIS 16 UHR 30.
RUSSISCHES WHIST DAUERTE VON 14 UHR BIS 17 UHR 30.
DIE PARTIE VERDECKTES WÜRFELPOKER GING VON 12 UHR 30 BIS 14 UHR 30.
DAS HAZARD-SPIEL DAUERTE VON 14 UHR BIS 17 UHR.
DIE PARTIE GIN RUMMY GING VON 11 UHR 30 BIS 15 UHR.
SOLOSPIELE DAUERTEN 15 MINUTEN.
NUR DUSTIN GEWANN SEINE RUNDE.

6. TOD AM KAMIN

Laut Taschenuhr kam Inspektor Parnacki genau um 20 Uhr 02 am Herrenhaus der Familie Blake an. Er klingelte und es dauerte nur einen Augenblick, bis ein Polizeibeamter ihm die Tür öffnete, was dem Butler hinter ihm scheinbar sehr missfiel.

„Guten Abend, Mr. Sullivan", begrüßte Parnacki den Beamten und trat ein. „Wie ist die momentane Situation?" Er stand in einem großen, geschmackvollen Eingangsbereich, von dem mehrere Flure weiter ins Haus hineinführten und mit einer mit Teppich ausgelegten Treppe, über die man in den ersten Stock gelangte.

„Guten Abend, Sir. Das Opfer ist das Oberhaupt der Familie, Victor Blake, 78 Jahre. Er wurde um 17 Uhr von einem seiner Söhne gefunden. Der Familienarzt, ein gewisser Atticus Braden, schätzt den Todeszeitpunkt auf kurz nach 15 Uhr. Dank ihm wissen wir, dass der alte Mann erstickt wurde. Die ganze Familie ist hier. Sie und das Personal, außer Perkins hier, sitzen im Wohnzimmer. McNeill ist bei ihnen."

Der Butler versteifte sich, sagte jedoch nichts.

„Ich möchte mir den Tatort ansehen, aber Sie, Mr. Sullivan, bleiben hier an der Tür. Ich bin mir sicher, Perkins zeigt mir den Weg."

„Selbstverständlich, Sir", sagte der Butler widerstrebend.

Parnacki folgte dem Butler die Treppe hoch. „Können Sie mir die Namen der Personen geben, die sich heute im Haus aufhielten?", fragte er.

Nach kurzem Zögern seufzte Perkins. „Mr. Blake hat vier Kinder, Inspektor. Lucas, Benjamin, Delilah und Julian. Alle vier sind gerade anwesend. Ohne ihre Familien. Lucas Ehefrau,

6. TOD AM KAMIN

Ramona, und Delilahs Ehemann, Corwin Phillips, brachten jeweils ihre Kinder nach Hause, nachdem Mr. Blake gefunden wurde. Das Personal von heute sind die Köchin Mrs. Hess, zwei Dienstmädchen, Giselle Renton und Adelaide Morton, und ich. Es gibt noch zwei Besucher, den Familienarzt Atticus Braden und Mr. Blakes Anwalt Tyrone Bird. Es sind drei Polizeibeamten

da, Sie ausgeschlossen, Mr. Sullivan, McNeill und Jones. Ich habe bewusst die Namen von Mr. Blakes Enkelkindern ausgelassen, da keins älter als vierzehn Jahre ist. Genauso wie Ian Bates, den Gärtner, der heute nicht im Haus war. Mrs. Blake starb vor acht Jahren."

„Vielen Dank, Perkins, für die exakten Angaben. War Mr. Blake ein guter Arbeitgeber?"

„Das kann ich unmöglich kommentieren, Sir."

„Selbstverständlich. Dann lassen Sie es mich so formulieren: Können Sie sich vorstellen, dass jemand einen Groll gegen Mr. Blake hegte?"

„Nein, Sir", sagte Perkins, doch etwas schien ihn zu beschäftigen. Parnacki sagte nichts, und nach einer unangenehmen Pause, fügte der Mann hinzu: „Es ist allgemein bekannt, dass die Anwesenheit eines Anwalts nie ein gutes Omen ist."

„Allerdings", sagte Parnacki. „Zu diesem Schluss könnte jeder kommen."

Parnacki lächelte ihn kurz dankbar an und blieb dann vor einer schweren Holztür stehen, die von einem Polizisten bewacht wurde. „Hier ist Mr. Blakes persönliches Wohnzimmer, Sir. Ich warte hier auf Sie, um Sie zu den Familienangehörigen zu bringen, wenn Sie so weit sind."

„Danke, Perkins. Sie haben mir sehr geholfen."

„Es war mir ein Vergnügen, Inspektor."

Parnacki nickte Mr. Jones zu, öffnete die Tür und betrat ein gemütliches Wohnzimmer. Zwei Ohrensessel mit Filzbezug standen jeweils neben dem offenen Kamin, der voll von glühender Asche war. In einem Kohleimer stand ein Schürhaken. Die Leiche von Victor Blake befand sich im linken Ohrensessel und war von den Beinen bis zum Bauch in eine helle Wolldecke gewickelt. Parnacki hob die Augenlider an und bestätigte, dass die Augen des Opfers stark blutunterlaufen waren. Nase und Lippen

6. TOD AM KAMIN

waren um einiges blasser als der Rest des Gesichts und in den Mundwinkeln befanden sich Blutflecken.

Parnacki sah sich kurz im Raum um, konnte aber kein Kissen finden, das wahrscheinlich verwendet wurde, um den alten Mann zu ersticken.

Er blickte nachdenklich zum Feuer mit der Asche darin, dann zu Blakes Schreibtisch. Alles darauf schien an Ort und Stelle zu liegen. Kein Zeichen von Unordnung. Neben der Tageszeitung lagen ein Stift, ein Tintenfass, ein Notizblock, Löschpapier, ein Lineal und ein kleiner Stapel Dokumente. Parnacki blätterte darin und fand nur Papiere, die den Haushalt betrafen – Konten, Wartungsdokumente und ein paar Bewerbungen. Zehn Minuten später führte Perkins ihn in den großen Salon. Der Polizeibeamte McNeill begrüßte ihn und stellte ihm die Familienangehörigen, das Personal und die Hausgäste vor. Nachdem sich Parnacki vorgestellt hatte, stand Delilah Phillips sichtlich genervt auf.

„Für wie lange werden wir hier noch festgehalten?", fauchte sie. „Meine Kinder haben ihren Großvater verloren, sie brauchen mich jetzt."

„Das verstehe ich", sagte er. „Ich habe nur ein paar Fragen. Es wird nicht lange dauern. Gibt es einen kleinen Raum, in dem ich mit jedem von Ihnen unter vier Augen sprechen kann?"

Beleidigt setzte sich Delilah wieder hin.

„In der Kammer", sagte Lucas. „Perkins, würden Sie den Inspektor hinführen?"

„Hier entlang, Sir", sagte Perkins.

Die Kammer war ein kleiner Raum mit einer gut ausgestatteten Bar und weichen Sesseln. Parnacki machte es sich gemütlich und sagte Perkins, er solle Lucas schicken.

Lucas Blake war ein großer, gutaussehender Mann Anfang vierzig. In seinem feinen Outfit strahlte er ein entspanntes Selbstbewusstsein aus, trotz seines ernsten Gesichtsausdrucks.

„Mein Vater war im Begriff zu sterben, Inspektor", sagte er zu Parnacki. „Nur Delilah und ich wussten davon, er hatte nur noch sechs Monate zu leben. Krebs. Wenn der Mörder nur ein bisschen länger gewartet hätte, hätte er sich das Ganze sparen können. Vater war reizbar und hatte Angst vor dem Tod, aber er war ein guter Mann und vernarrt in seine Enkelkinder. Ben und Julian behandelte er strenger als Delilah und mich – er fand, es wäre längst an der Zeit zu heiraten. Heute Nachmittag? Ramona und ich aßen mit Delilah und Corwin zu Mittag. Dann machten wir einen Spaziergang mit den Kindern. Nach ein paar Stunden Enten und Eichhörnchen jagen, lasen Delilah und Romana den kleinen Monstern Geschichten vor, während Corwin und ich Billard spielten. Als er zurück zu den Damen ging, las ich eine Weile. Ich war gerade fertig, als ich die Schreie hörte."

Benjamin Blake war etwas kleiner als sein großer Bruder und nicht ganz so fein gekleidet wie er. Doch auch er strotzte vor Selbstbewusstsein. „Armer Vater. Ich kann mir nicht vorstellen, wer ihn umbringen wollte. Ich fand ihn und schlug Alarm. Ich sah sofort, dass etwas nicht mit ihm stimmte. Aber er hatte ein gutes Leben. Wenn die Neffen und Nichten da sind, bleibe ich lieber nicht im Haus, also machte ich einen langen Spaziergang. Nur mein und Julians Treffen mit Tyrone hielt mich davon ab, im Club zu versacken. Er hilft uns beiden bei der Verwaltung von ein paar gemeinsamen Investitionen. Es ging von 15 bis 17 Uhr. Ich kam pünktlich von dem Spaziergang zurück, um direkt zum Treffen zu eilen. Anschließend sah ich nach Vater."

Delilah Phillips war sichtlich verärgert, doch die schlechte Laune konnte ihr ungestümes Wesen und ihren Charme nicht vollständig verbergen. „Ich nehme an, Lucas hat Ihnen von Papas Krankheit erzählt? Ich habe nicht die geringste Ahnung, wer ihn aus dem Weg schaffen wollte. Er lieferte sich gelegentlich

6. TOD AM KAMIN

Stierkämpfe mit all meinen Brüdern, aber er war immer tolerant. Ich finde es grausam, einem Großvater seine verbleibende Zeit mit seinen Enkeln zu stehlen. Sie sind ziemlich verstört, wie Sie sich sicher vorstellen können. Wir waren zusammen mit Ramonas Brut den ganzen Morgen bei ihm. Als wir zu Mittag essen wollten, ging er hoch, um sich auszuruhen. Anschließend gingen wir nach draußen, damit die Kinder sich austoben konnten und danach erzählten Ramona und ich ihnen Geschichten. Wir wissen alle, dass Papa nicht gestört werden will, wenn er sich ausruht, aber ich begann mir Sorgen um ihn zu machen, als Ben plötzlich kam, um uns die Nachricht zu überbringen. Dr. Braden war innerhalb einer Stunde hier und sagte, die Polizei müsse benachrichtigt werden. Das war vor über zwei Stunden."

Julian Blake sah angespannt aus. Mit Anfang dreißig war er der Jüngste der Geschwister. „Ich hatte ein Treffen mit Tyrone Bird, unserem Anwalt", erzählte er. „Es fing um 15 Uhr an. Benjamin hatte es veranlasst. Wir sprachen mehrere Stunden lang über unser jeweiliges Anlagevermögen bis ins kleinste Detail. Das muss irgendwie von Lucas auf ihn abgefärbt sein, da er normalerweise nicht so interessiert an so etwas ist. All das regelt sowieso Tyrone. Anschließend ging Benjamin nach oben, um Vater zu rufen, weil Tyrone noch mit ihm sprechen wollte. Ich ging hinter ihm her, weil ich noch ein Detail mit ihm besprechen wollte, Benjamin meine ich. Er stand mit weit aufgerissenen Augen in Vaters Zimmer. Es war äußerst heiß darin, kann ich Ihnen sagen. Armer Papa. Ich dachte, er wäre unzerstörbar. Heute Morgen? Was, warum?" Er zögerte. „Ich war die ganze Zeit über bis zum Treffen in meinem Zimmer. Natürlich war ich allein. Was wollen Sie mir unterstellen?"

Dr. Braden war Ende fünfzig, ein beleibter Mann mit einem beeindruckenden Schnurrbart. „Victor hatte Krebs. Er hatte nicht mehr viel Zeit. Ehrlich gesagt, hatte er Glück, so schnell aus dem Leben zu treten – Krebs ist keine freundliche

LEVEL 2

Krankheit. Ja, ich kam gegen 18 Uhr hier her. An Augen und Gesicht konnte ich erkennen, dass Asphyxie die Todesursache war. Die Körpertemperatur war fast normal, also musste er zwei, vielleicht zweieinhalb Stunden tot gewesen sein. Ich bin mir sicher. Nein, sein Gesundheitszustand legte keine natürliche Asphyxie nahe."

Tyrone Bird war ein kleiner, zierlicher Mann mit einer großen Brille.

„Ich kam auf Anfrage von Benjamin Blake um 14 Uhr 53 zum Herrenhaus. Acht Minuten später traf ich Benjamin und seinen

6. TOD AM KAMIN

Bruder Julian in der Kammer. Wir sprachen über private Angelegenheiten der Brüder. Dieses Gespräch dauerte genau zwei Stunden und zehn Minuten. Ich wollte noch kurz mit Victor Blake sprechen, um mir den Weg morgen zu sparen. Benjamin wollte ihn holen und Julian folgte ihm. Dann erfuhr ich, dass Victor tot war. Morgen? Nun, ich schätze, jetzt darf ich es Ihnen sagen. Er wollte Änderungen am Vermächtnis besprechen. Ich weiß nichts Genaueres."

Mrs. Hess, die Köchin, war eine große, korpulente Frau mit feurigem Blick. „Ich war in der Küche. Wo sollte ich sonst sein? Ja, den ganzen Tag. Adelaide Morton war fast den ganzen Nachmittag bei mir, um genug Leckereien für die Kinder vorzubereiten. Nein, mir ist nichts ungewöhnliches aufgefallen."

Giselle Renton war eins von Blakes Dienstmädchen. Sie war eine gertenschlanke Neunzehnjährige mit einem blassen, herzförmigen Gesicht. Ihre Hände zitterten während sie sprach und sie blickte starr nach unten. „Ich räumte das Haus auf, Sir. Ja, den ganzen Tag. Es gibt viel aufzuräumen: Betten, Schränke, Mäntel, Tische, Kleiderschränke ... Nein, ich sah niemanden bis zum Nachmittag als die Damen den Kindern vorlasen. Wie gesagt, ich räumte auf."

Adelaide Morton war das andere Dienstmädchen. Sie war ein paar Jahre älter als ihre Kollegin, hatte dunkle, schwarze Locken und einen stechenden Blick. „Heute Morgen bewirtete ich Mr. Lucas und Mrs. Delilah und ihre Familien. Giselle habe ich nicht gesehen. Wie so oft in letzter Zeit, wenn Mr. Julian da ist. Aber ich bin mir sicher, sie hatte viel zu tun. Ich half Mrs. Hess beim Mittagessen kochen und blieb dann den Rest des Nachmittags bei ihr, erst um alles wieder aufzuräumen und dann, um die Kinder mit ausreichend Essen und Wasser zu versorgen."

Schließlich rief Parnacki Perkins wieder herein. „Ich war, wo man mich brauchte, Sir. Ich teilte meine Zeit zwischen den einzelnen

LEVEL 2

Familienmitgliedern auf. Zwischen 14 und 15 Uhr war es sehr still im Haus, also aß ich selbst zu Mittag. Luke und Delilah verbachten den Tag mit ihren Familien. Den Morgen verbrachte Mr. Blake mit ihnen zusammen. Julian war bis zu dem Treffen in seinen Räumen. Benjamin verließ das Haus früh und kam pünktlich zum Treffen zurück. Mrs. Hess und Miss Morton waren in der Küche und Miss Renton tauchte wieder auf, als das Treffen anfing."

„Vielen Dank, Perkins", sagte der Inspektor. „Ich denke, ich habe alles, was ich brauche, um den Hauptverdächtigen zu ermitteln – und keine Angst, ich weiß, dass es in diesem Fall nicht der Butler war."

Wen verdächtig Parnacki und warum?

TIPPS:

ADELAIDE MORTON MOCHTE GISELLE RENTON NICHT.

DER GÄRTNER, IAN BATES, KÖNNTE EINE HILFREICHE ZEUGENAUSSAGE MACHEN.

DAS KAMINFEUER IN VICTORS ZIMMER WAR VON BEDEUTUNG.

JULIAN BLAKE VERBRACHTE DEN MORGEN UND MITTAG IN GESELLSCHAFT.

NICHT ALLE DER EHRLICHEN ZEUGENAUSSAGEN WAREN EXAKT.

DER MÖRDER HANDELTE ALLEIN.

7. DER SCHUMMLER

Miss Miller stellte die Tasse Tee zurück auf die Untertasse und lehnte sich im Sessel zurück. Ihre Katze, Aubrey, sprang auf ihren Schoß und Miss Miller kraulte sie geistesabwesend. „Wenn jemand in Ihr Büro eingebrochen ist, müssten Sie dann nicht die Polizei informieren, Dean?"

Dean Harper war Professor für Zoologie an der Universität und langjähriges Mitglied im Ornithologenverband. Er schüttelte resigniert den Kopf. „Es handelt sich nicht um solch einen Einbruch. Man hat nichts Materielles gestohlen."

„Sondern etwas Immaterielles?"

Zu ihrer Überraschung nickte er. „Genau. Jedes Jahr bereite ich ein Extra-Examen für meine Topstudenten vor. Es ist sehr schwierig und jeder ist heiß darauf, es zu bestehen. Nur zwei Studenten in den letzten zwölf Jahren hatten diese Ehre und sind mittlerweile Juniorprofessoren. Als ich den Diebstahl entdeckte, war klar, dass nichts anderes angerührt wurde."

„Wann findet die Prüfung statt?"

„Morgen. Die Zeit reicht nicht, um ein neues Examen zu schreiben."

„Sie wollen den Schummler also entlarven. Aber es muss doch–"

„Vier, Mary. In diesem Jahr sind nur vier Studenten gut genug für dieses Examen."

„Verstehe", sagte Miss Miller. „Ich muss zugeben, dass mich etwas an diesem Examen reizt. Vielleicht spüren wir diesen mysteriösen Einbrecher ja auf. Hoffentlich ist es einer Ihrer Kandidaten, und kein Hobbyunternehmer, der sich etwas Geld dazu verdienen will, indem er die Fragen an alle verkauft."

„Großer Gott! Daran habe ich noch gar nicht gedacht", sagte Dean. „Halten Sie das für wahrscheinlich?"

„Ehrlich gesagt, scheint es nicht sehr rentabel ein Examen zu kommerzialisieren, das nur für vier Studenten, anstatt für hundert oder mehr potentielle Käufer, vorgesehen ist."

„Das ist bemerkenswert zynisch von Ihnen, Mary."

„Danke, mein Lieber."

Ungefähr eine Stunde später kamen die beiden an der Fakultät für Biologie an, wo sich Deans Büro befand. Es war ein langes, verziertes Backsteingebäude mit hübschen Blumenbeeten davor.

„Welches ist Ihres?", fragte Miss Miller.

Dean zeigte auf das vierte Fenster von rechts neben der großen hölzernen Eingangstür. Wie alle Fenster im Erdgeschoss war es hoch und breit. Das untere Drittel der Fenster war aus Sicht-

7. DER SCHUMMLER

schutzglas. Das obere Drittel über Kopfhöhe ging nach innen auf, damit man Luft in den Raum lassen konnte. Die Fensterrahmen waren in Blattgrün gestrichen. Tief orangefarbene Rhododendren blühten im Blumenbeet direkt und dem Fenster.

„Sehr hübsch", sagte Miss Miller. „Wollen wir hinein gehen?"

Dean führte sie ins Gebäude, vorbei an den Sekretariaten durch den langen Korridor in sein Büro. Im Inneren herrschte Chaos; Bücher und Papiere, wo man hinblickte. „Jetzt fragen Sie sich sicher, woher ich weiß, dass nichts anderes als das Examen angerührt wurde, oder?"

„Und Sie werden mir sagen, dass, auch wenn es nicht so aussieht, Sie genau wissen, wo was liegt", antwortete sie.

„Nicht genau. Aber ich würde es sehen, wenn etwas neu geordnet wäre. Und ich bin mir sicher, dass man hier keinen Stapel so einfach anfassen kann, ohne dass die Papiere alle auseinanderfliegen."

„Sicherheit durch Instabilität?"

Dean lachte. „So in etwa. Das Examen liegt in der Schublade." Er zog die Schreibtischschublade auf und nahm eine Papierrolle heraus. „Sie war nicht mehr eingerollt und das Siegel war gebrochen. Es war die Einzige. Auch wenn der Einbrecher sich die Zeit genommen hätte, andere Papiere wieder aufzurollen – und warum sollte er das tun? – hatte er keinen Zugriff auf mein Siegel." Er zeigte ihr eine andere Papierrolle, ordentlich zusammengerollt, mit einer roten Schleife versehen und einem weißen Wachssiegel verschlossen. „Also wusste er definitiv, wonach er suchte."

„Ich verstehe, was Sie meinen. Kann es sein, dass irgendeiner Ihrer Studenten Sie mit dem Examen gesehen hat?"

„Nicht offensichtlich. Ich arbeite nur an schriftlichen Arbeiten, wenn ich allein bin. In den Stunden, in denen ich den Studenten für Fragen zur Verfügung stehe, lege ich alle Dokumente sorgsam eingerollt beiseite."

Er zeigte auf einen Stapel Papierrollen zu seiner Linken.
„Ich bin mir sicher, in den vergangenen Wochen waren sie alle einmal in meinem Büro, aber sie hätten das Examen nicht sehen können." Er drehte sich um und deutete auf das Sichtschutzglas im Fenster. „Mir über die Schulter gucken funktioniert auch nicht."

„Haben Sie vielleicht eine Idee, woher der Einbrecher wusste, wo er suchen muss? Haben Sie einen Hilfswissenschaftler?"

„Keinen Hiwi, keine Idee. Ich war absolut der Einzige, der wusste, welches Examen welches war."

„Und irgendwelche ungewöhnlichen Zwischenfälle? Sagen wir mal, mein unternehmungslustiger Student von vorhin brach hier ein und griff sich das falsche Examen, hatte aber keine Zeit mehr nach dem richtigen zu suchen? Dann wäre Ihre Schreibtischschublade sicher ein guter Platz zum Nachsehen, oder?"

„Der Einbruch fand irgendwann, nachdem ich gestern Abend gegangen und bevor ich heute Morgen gekommen bin, statt. Die Nachtwächter halten sich neben den Türen auf und gehen gelegentlich durch die Flure. Allerdings wäre man in meinem Büro sicher. Ich kann es mir nur schwer vorstellen, dass jemand das Risiko eines Einbruchs auf sich nimmt und dafür nur wenige Sekunden Zeit hat. Es dauert mindestens mehrere Minuten, ein Examen zu kopieren."

„Ich vermute, mit einem Komplizen hätte er mehr Zeit gehabt. Nehmen wir einmal an, einer Ihrer ehrgeizigen Studenten hat auch ein diebisches Talent fürs Einbrechen in Ihr Büro, während die Wache ihre Runde dreht, oder heuert einen Mitstudenten an, ihm zu helfen. Ich schätze, sie wohnen alle hier auf dem Gelände?"

Dean nickte. „Die aus dem dritten Jahr Biologie wohnen alle im Tatum House."

„Das heißt, ihre Alibis lauten im Grunde alle, dass sie allein im Bett lagen."

7. DER SCHUMMLER

„Ja, definitiv. ‚Übernachtungsgäste' sind Grund für einen Rausschmiss."

„Haben Sie einen Verdacht?"

„Nein, ich fürchte nicht. Ich hätte niemals gedacht, dass einer der vier schummeln würde. Sie alle sind brillant und meistens sehr nett."

„Ich vermute, wir müssen persönlich mit ihnen sprechen, wenn das möglich ist", sagte Miss Miller.

Sie verließen das Büro. Dean schloss hinter ihnen ab. „Ich muss mir ein neues Schloss besorgen", murmelte er.

„Es gibt immer bessere Schlösser, aber auch immer bessere Diebe. Ein fest entschlossener Dieb kommt immer an seine Beute."

„Das ist ein beunruhigender Gedanke. Wollen Sie damit sagen, dass ich meine Prüfungen in Geheimschrift schreiben sollte?"

Miss Miller lächelte. „Wenn Sie sich dann besser fühlen. Aber in erster Linie empfehle ich Ihnen, bessere Sicherheitsvorkehrungen zu treffen, und sich nicht so viele Sorgen zu machen."

Dean warf ihr einen zweifelnden Blick zu. „Sie verunsichern mich heute sehr, Mary."

„Ich tue, was ich kann", antwortete sie fröhlich.

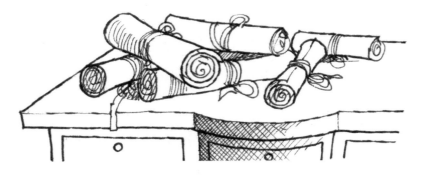

Das Tatum House war ein unscheinbarer Steinblock am Rande des Universitätscampus, das Platz für hundertzehn Studenten bot. Dean Harper blickte auf einen Zettel und führte sie zu dem Zimmer des ersten Studenten im ersten Stock. „Jacob Walters", sagte er als sie vor der Tür stehen blieben. „Interessiert sich sehr für Reptilien." Er klopfte laut an. Einen Augenblick später flog die Tür auf und ihnen stand ein schlanker, junger Mann mittlerer Größe mit Brille gegenüber. Er war sehr leger gekleidet, in einem weiten Hemd und einer Flanellhose. Beim Anblick von Dean bekam er große Augen. „Professor Harper! Ich … wie kann ich helfen? Ist alles in Ordnung?" Er warf Miss Miller einen kurzen Blick zu.

„Guten Tag, Jacob. Das ist Miss Miller. Sie würde Ihnen gerne ein paar Fragen stellen, wenn das in Ordnung ist."

„Natürlich." Jetzt blickte Jacob völlig verdutzt.

Miss Miller strahlte ihn freudig an. „Sagen Sie mir, Mr. Walters, was ist Ihr Vater von Beruf?"

„Er ist Goldschmied", sagte er perplex.

„Ausgezeichnet. Und wo würden Sie die Grenze zwischen Reptilien und Vögeln ziehen?"

„Bei dem Archaeopteryx natürlich, aber ich …"

Immer noch lächelnd steckte sie den Kopf durch die Tür, warf einen Blick in sein Zimmer und trat dann einen Schritt zurück. „Sie haben ein sehr unordentliches Zimmer, junger Mann. Vielen Dank für Ihre Zeit."

„Wir müssen jetzt gehen", erklärte Dean streng. „Danke, Jacob."

„Ich …" Der junge Mann schüttelte verwirrt den Kopf. „Natürlich. Guten Tag, Professor." Er ging zurück in sein Zimmer und schloss die Tür.

Dean warf Miss Miller einen neugierigen Blick zu.

„Wer kommt als nächstes?", fragte sie fröhlich.

Der nächste war Cameron Honeycutt, ein Zoologe und engagiertes Mitglied in der Leichtathletik-Mannschaft. Beim

7. DER SCHUMMLER

Heraustreten aus seinem Zimmer musste er sich ducken und er trug ein Sweatshirt und eine Jogginghose. Er war sehr schlank und trug einen buschigen Schnurrbart, der seinen Überbiss nicht ganz verdecken konnte. Er kaute auf der Unterlippe, als Dean ihm Miss Miller vorstellte.

„Wie viele Kinder hatte US-Präsident John Tyler?", fragte sie ihn herausfordernd.

„Fünfzehn", antwortete Cameron prompt. „Warum fragen Sie?"

„Ein Gedächtnistest", sagte sie.

„Und habe ich bestanden?"

„Allerdings, sehr beeindruckend. Haben Sie da drinnen zufällig einen Bleistift, den Sie mir leihen können?"

Cameron nickte. Er verschwand in seinem Zimmer und tauchte einen Augenblick später wieder mit einem angespitzten, neuen Bleistift in der Hand zurück, den er ihr überreichen wollte.

„Nein, danke", sagte sie. „Guten Tag."

Der nächste Student, Nicholas Nagel, wohnte im dritten Stock.

„Brillant, hat aber Probleme und ist dem Alkohol zugeneigt", lautete Deans Einschätzung. Er klopfte energisch an die Tür.

„Geh weg", rief Nagel sofort.

„Nicholas, hier ist Professor Harper", rief Dean.

„Ist mir egal, auch wenn Sie der Papst höchstpersönlich sind. Lassen Sie mich allein."

„Wir wollten nur–", hob Dean an.

„GEHEN SIE WEG!"

Dean zuckte mit den Schultern.

„Das ist in Ordnung. Wer ist der letzte?", fragte Miss Miller.

Alexander Cox wohnte im obersten Stockwerk. „Er ist fasziniert von Primaten", erzählte Dean Miss Miller. „Insbesondere Affen. Denkt, sie wären klüger, als man allgemein annimmt."

Er klopfte an der Tür.

Augenblicke später öffnete ein verträumter, übergewichtiger junger Mann die Tür. „Professor", begrüßte er sie kaum überrascht.

„Guten Tag, Alexander. Das ist Miss Miller. Sie würde Ihnen gerne ein paar Fragen stellen."

„Natürlich", sagte Alexander.

„Warum Affen, junger Mann?"

„Affen spielen einem nichts vor", antwortete er zögernd. „Sie sind einfach, wie sie sind."

Miss Miller nickte. „Und was ist mit Menschenaffen?"

Alexander schüttelte den Kopf. „Ich mag Menschenaffen nicht."

„Vielen Dank für Ihre Zeit", sagte sie.

„Nicht dafür." Alexander nickte Dean zu und schloss die Tür.

Während sie wieder hinunter zum Ausgang des Tatum Houses gingen, seufze Dean. „Nun, jetzt habe ich wohl einen sehr komischen Ruf hier."

„Im Gegenteil", sagte Miss Miller. „Ich weiß genau, wer Ihr Schummler ist."

Woher weiß sie das?

7. DER SCHUMMLER

TIPPS:

DER EINBRECHER WUSSTE, WO DIE SCHRIFTLICHE PRÜFUNG ZU FINDEN WAR.

JACOB WALTERS HIELT LEGUANE.

CAMERON HONEYCUTT WAR BESONDERS GUT IM WEITSPRUNG.

NICHOLAS NAGELS VATER STARB, ALS ER NOCH SEHR JUNG WAR.

BEVOR ER SICH FÜR DIE ZOOLOGIE ENTSCHIED, WOLLTE ALEXANDER COX ASTRONOM WERDEN.

DER EINBRECHER HATTE HILFE BEIM AUF- UND ZUSCHLIESSEN VON PROFESSOR HARPERS BÜRO.

DIE NÖTIGE FÄHIGKEIT, DAS VERBRECHEN ZU BEGEHEN, WAR SCHON VOR DER ENTSCHEIDUNG ES ZU TUN DA, UND WURDE NICHT ERST HINTERHER ENTWICKELT.

8. WILDHERN

Caroline Heaton war eine liebe, anmutige, junge Frau mit großen grünen Augen und einem völlig unvorteilhaften Haarschnitt. Außerdem war sie sichtlich aufgebracht.

„Es ist sehr nett von Ihnen, dass Sie sich Zeit für mich nehmen, Mr. James", sagte sie, während sie sich setzte. Sie gab sich Mühe, nicht zu aufgeregt zu klingen.

„Bitten nennen Sie mich Oliver. Wie kann ich Ihnen helfen? Geht es Ward gut?"

„Meinem Bruder geht es gut, danke. Er lässt sie grüßen. Ich glaube, ich stecke in Schwierigkeiten, und er schlug vor, mit Ihnen zu sprechen."

„Ich hoffe, ich kann Ihnen helfen", sagte Oliver. „Was ist denn das Problem?"

„Die letzten Jahre arbeitete ich als Gouvernante für ein befreundetes Ehepaar meines Vaters, Ismael und Ella Calhoun. Kennen Sie sie?"

Oliver schüttelte den Kopf. „Nein, ich denke nicht."

„Sie sind sehr nett", sagte Caroline. „Ich mag ihre Kinder sehr. Jedenfalls sind sie vor drei Monaten nach Europa geflogen. Da sie planen, für achtzehn Monate weg zu sein, suchte ich mir eine neue Arbeit. Zu Anfang hatte ich nicht viel Glück, doch dann entdeckte ich eine Stellenausschreibung in der Zeitung für eine Position als Gouvernante im Haushalt meines jetzigen Arbeitgebers. Ich erinnere mich, dass darin stand, dass es sich um leichte Aufgaben handeln würden, aber unterschiedliche, und dass jemand gesucht wurde, die den Willen mitbringt und vielseitig einsetzbar ist."

„Haben Sie die Stellenausschreibung noch?"

8. WILDHERN

„Ich fürchte nicht. Ich schickte meine Bewerbung hin und wurde kurz darauf zum Vorstellungsgespräch eingeladen. Dort lernte ich Mr. Whiting kennen. Er ist ein großer, stämmiger Gentleman und schien zunächst sehr freundlich. Doch das Gespräch war nur kurz und irgendwie seltsam. Er sagte mir, dass die Kinder speziell wären und ich meinen Haarschnitt ändern und Kleider tragen müsse, die seine Frau mir zur Verfügung stellen würde. Zuerst sträubte ich mich dagegen, doch er versprach mir, dass die Kleidung vollkommen normal aussehe, und das Ganze nur dazu diene, die Kinder an eine vorherige, geliebte Gouvernante zu erinnern, die verstorben war. Dann nannte er mir eine erhebliche Summe als Vorauszahlung und nochmal die gleiche alle vierzehn Tage."

„Natürlich haben Sie das Angebot angenommen."

„Nur unter der Voraussetzung, dass die Position keine ungehörigen Pflichten mit sich brachte. Selbstverständlich gab ich Mr. Whiting Referenzen von meinem vorherigen Arbeitgeber. Er nahm sie entgegen, doch sagte er, er wolle, dass ich sofort

anfange zu arbeiten, weil seine Frau ohne Hilfe überfordert sei. Also einigten wir uns darauf, dass ich am nächsten Morgen anfing. Das vor ungefähr zwei Monaten."

Oliver nickte nachdenklich. „Und hat er jemals in die Referenzen geschaut?"

„Ah, nein, wie sich herausstellte nicht. Als ich das erfuhr, hatte ich mich aber schon eingelebt. Die Whitings leben in einem großen Haus, Wildhern genannt, am Ostrand der Stadt. Es ist ein beeindruckendes Haus, mehr oder weniger quadratisch gebaut, mit drei Stockwerken. Die Wände sind weiß und von Weinreben bedeckt, das Dach ist aus dunklem Schiefer."

„Wenn es das Haus ist, das ich im Kopf habe, hat es eine vordere Veranda, die von Säulen gesäumt ist und einen Marmorboden im Schachbrettmuster hat, mit zwei heraldischen Bestien, die die Eingangstür bewachen."

„Der Löwe und das Einhorn, ja. Also wissen Sie, dass das Grundstück mehrere Hektar groß ist."

„Ja, allerdings."

Caroline strahlte übers ganze Gesicht. „Ward sagte, Sie würden das Anwesen wahrscheinlich kennen. Als ich am nächsten Morgen ankam, holte mich Mrs. Whiting flugs ins Haus und führte mich in einen überraschend großen, freundlichen Raum im zweiten Stock. Darin standen eine Reihe von Erinnerungsstücken, die ich niemals anfassen sollte. Der große Schrank im Raum war sogar mit einer Kette verschlossen! Ich durfte stattdessen einen kleineren Schrank im Schlafzimmer mitbenutzen, der für Stella, das Dienstmädchen, bestimmt war. Es wäre äußerst unpraktisch gewesen, doch Stella legte mir jeden Tag frische Klamotten auf den Stuhl neben meinem Bett heraus. Außerdem verpasste sie mir diesen neuen Haarschnitt. Unter keinen Umständen durfte das Personal in den vierten Stock hochgehen. Ich wunderte mich sehr darüber, wie modern und

8. WILDHERN

leger meine Kleidung war, doch Mrs. Whiting versicherte mir, dass mich die Kinder so am schnellsten akzeptieren würden. Dann instruierte sie mich, dass ich niemals den Namen meiner Vorgängerin in den Mund nehmen dürfe, um die Kinder nicht aufzuregen."

„Das klingt etwas … seltsam", sagte Oliver.

„Das dachte ich auch. Ich glaubte nicht daran, dass das Ganze wirklich gesund für die Kinder war, aber die Whitings waren sehr großzügig. Aber weitere Ereignisse ließen mich noch unwohler fühlen. Ich wurde den Kindern vorgestellt. Kevin Whiting ist dreizehn. Er hat einen Hauslehrer, Mr. Hall, den ich immer nur im Vorbeigehen sah. Wenn er keinen Unterricht hat, spielt Kevin Klavier, liest oder jagt im Garten die Schmetterlinge. Er meistert all diese Dinge sehr gut allein und aus freiem Willen, und er scheint sehr nett, nur etwas wortkarg. Seine Schwester, Emily, ist acht und spielt die meiste Zeit ruhig mit sich selbst. Auch sie bekommt Unterricht von Mr. Hall, jedoch weniger als ihr Bruder. Sie ist ein süßes Kind und redet viel im Beisein ihrer Familie, doch wie ihr Bruder spricht sie kaum mit dem Personal."

„Arbeitet das Hauspersonal schon lange für die Familie?"

„Eine ausgezeichnete Frage. Dasselbe habe ich mich nämlich auch gefragt. Mrs. Stephens, die Köchin, war gerade drei Wochen da, als ich kam. Der junge, kräftige Gärtner und Handwerker

Mr. Murray, fing vier Tage vor mir an. Stella, das Dienstmädchen, startete am selben Tag wie er. Ich habe nie erfahren, wie lange Mr. Hall schon dort arbeitet. Mr. Murray muss ein ziemlich guter Esser sein, bei den Mengen an Essen, die Mrs. Stephens immer vorbereiten muss, damit Mrs. Whiting sie ihm nach draußen bringen kann."

„Interessant", sagte Oliver.

„Ja", bestätigte Caroline. „Eines Abends fragte ich Stella, wieso das gesamte Personal erst so kurz dort angestellt war. Sie erzählte mir, dass die Familie noch bis vor Kurzem lange Zeit verreist war. Ich hakte nicht weiter nach, weil mir schnell klar wurde, dass meine Anwesenheit in der Familie äußerst seltsam war. Über der Treppe hing ein großes Portrait der verstorbenen Nanny mit Kevin und Emily im Arm. Als ich es zum ersten Mal sah, erschrak ich, da sie eindeutig Ähnlichkeiten mit mir hatte – vor allem mit dem neuen Haarschnitt. So ein Bild aufzuhängen, fand ich unter den gegebenen Umständen äußerst merkwürdig. Mr. und Mrs. Whiting wirkten die meiste Zeit sehr angespannt und Mrs. Whiting oft traurig. Die Kinder brauchten mich als Aufsichtsperson eigentlich kaum. Ich verbrachte wenige Stunden damit, sie beim Spielen zu beobachten, aber die meiste Zeit wurde ich eigentlich von der Familie so gut wie ignoriert. Nicht auf böse Weise, meine ich, aber es war offensichtlich, dass ich eigentlich überflüssig war. Das an sich war ja schon ungewöhnlich, doch es gab Anlässe, da änderte sich der Tagesablauf dramatisch."

„Und wie?"

„Nun, es gab regelmäßig zwei starke Abweichungen. Von Zeit zu Zeit verfiel Mrs. Whiting in eine besonders ausgelassene Stimmung. Dann rief sie Stella, die Kinder und mich zusammen, und wir fingen an, so laut wir konnten zu singen, während sie uns auf dem Klavier begleitete. Emily bekam eine übergroße Trommel vorgesetzt, auf der sie freudig herumtrommelte. Diese

8. WILDHERN

Beschäftigung dauerte maximal eine Stunde und hinterher ging jeder seinen eigenen Geschäften nach, als wäre nichts passiert. Mrs. Whiting war hinterher jedes Mal völlig erschöpft."

„Arme Frau", sagte Oliver.

Caroline nickte. „Seltener kam es vor, dass Mr. und Mrs. Whiting sich ganz plötzlich überaus gutmütig gaben. In dieser Stimmung waren sie ausgelassen und gesellig und bestanden darauf, dass ich an familiären Aktivitäten teilnehme – Geschichten und Witze erzählen oder Mrs. Whiting beim Vorlesen zuhören. Ich durfte mich auch selbst beschäftigen zum Beispiel klöppeln oder Romane lesen. Mehrere Male aß ich sogar zusammen mit der Familie, und Stella servierte mir das Essen als wäre ich eins der Kinder. Diese Episoden dauerten mehrere Stunden und waren genauso schön wie unerklärlich. Sie endeten immer abrupt, indem die Familienangehörigen sich wieder distanziert zurückzogen."

„Das klingt wirklich exzentrisch", erwiderte Oliver. „Aber es hört sich an, als arbeiteten Sie schon über zwei Monate bei der Familie. Also nehme ich an, dass ein anderer Vorfall Sie erschreckt hat."

Caroline nickte. „Das Leben bei den Whitings war merkwürdig und unstet, aber erst seit kurzem fühle ich mich bedroht. Ungefähr vor zehn Tagen entdeckte ich auf dem Gelände einen unbekannten Mann, der sich hinter den Büschen nicht weit vom Haus entfernt versteckte. Er war groß, muskulös und trug billige, dunkle

Kleidung. Ich schätze, er ist so zwischen fünfundzwanzig und dreißig Jahre alt. Er hatte sich seit Tagen nicht rasiert, doch es war sein Gesichtsausdruck, über den ich mich so erschrak. Er starrte mich voller ... Verzweiflung an. Anders kann ich es nicht beschreiben. Ich berichtete Mr. Whiting davon, doch der behauptete schlichtweg, ich würde mir Dinge einbilden. Und dann befahl er mir ziemlich eindringlich, dass ich jede unbekannte Person, die ich denke zu sehen, ignorieren solle. Er war sehr verärgert über diese Sache. Er schien fast Angst zu haben."

„Haben Sie den Mann wiedergesehen?"

„Ja, sechs oder sieben Mal. Er taucht immer dann auf, wenn die Whitings gesellig sind. Er ist völlig auf mich fixiert, was ich alarmierend finde. Er starrt einfach nur oder murmelt immer wieder ein Wort vor sich hin. So etwas wie ‚Tasche', aber ich habe keine Ahnung, warum. Bis jetzt hat er nichts übertrieben Aggressives getan, aber seine Besessenheit ist offensichtlich. Ich fürchte, dass es nur eine Frage der Zeit ist, bis etwas Schlimmes passiert."

„Das ist eine sehr merkwürdige Situation."

„Ich verließ Wildhern heute Morgen. Gestern Abend habe ich versucht zu kündigen. Mr. Whiting wollte mir erst das Doppelte meines aktuellen Gehalts anbieten, was mich nur noch mehr alarmierte. Dann bekam er einen Wutanfall und schrie, ich dürfe erst gehen, wenn er es mir erlaube. Ich bekam Angst und stimmte zu, sodass er sich wieder beruhigte. Heute Morgen dann, als er bei der Arbeit und Mrs. Whiting mit Emily beschäftigt war, schlich ich mich heraus. Ich habe nichts, was ich der Polizei vorweisen kann, aber ich habe Angst, dass der Mann mich aufspürt. Ward sagte zu mir, wenn jemand wüsste, was ich jetzt tun solle, dann seien das Sie."

„Es war richtig, das Haus zu verlassen, denke ich", bekräftigte Oliver. „Dies ist vielleicht eine seltsame Frage, aber hatten Sie jemals das Gefühl, in dem Haus spukt es?"

8. WILDHERN

Caroline blinzelte. „Ja, ich das habe ich mich tatsächlich irgendwann gefragt. Alte Häuser machen ja immer Geräusche, aber es gab Momente, da hörte ich so ein seltsames langes, rhythmisches Klopfen, und ein paar Mal dachte ich auch, ein Wimmern oder Jammern zu hören. Einmal erwähnte ich es vor Mrs. Whiting, die auf einmal ganz blass wurde. Sie meinte, das wären die Wasserleitungen, aber das klang nicht sehr überzeugend. Jetzt, wo wir darüber sprechen, fällt mir auf, dass immer, nachdem diese Geräusche anfingen, Mrs. Whiting ihre Musiksitzung einberief."

„Ich glaube, ich weiß, was da los ist", erklärte Oliver. „Sie sind nicht in Gefahr, das verspreche ich. Ich werde morgen mit den Whitings sprechen und Ihre restlichen persönlichen Sachen abholen, die Sie bei Ihrer bestürzten Abreise dort gelassen haben. Als Gegenleistung, möchte ich nur, dass Sie und Ward morgen zum Abendessen vorbeikommen."

„Liebend gerne", stimmte Caroline lächelnd zu. „Aber was geht in Wildhern vor sich?"

Warum war Caroline im Wildhern-Anwesen angestellt?

LEVEL 2

TIPPS:

DIE WHITINGS BRAUCHTEN EIGENTLICH KEINE GOUVERNANTE.

CAROLINE WAR NIE IN GEFAHR.

KEIN MITGLIED DER FAMILIE WHITING WAR GEISTIG KRANK.

AUCH DER GÄRTNER, MR. MURRAY, WURDE NICHT WIRKLICH SCHLAU AUS SEINEN AUFGABEN UND HATTE KEINEN ÜBERMÄSSIGEN APPETIT.

IM HAUS DER WHITINGS SPUKTE ES NICHT.

NUR CAROLINE WAR FÜR DIE ANSTELLUNG BEI DEN WHITINGS QUALIFIZIERT.

DER DUNKEL GEKLEIDETE MANN INTERESSIERTE SICH NICHT FÜR CAROLINE.

CAROLINE HAT NICHT DIE GANZE FAMILIE WHITING KENNENGELERNT.

Lösungen

1. Das Schmuckgeschäft .... Seite 10

Mr. Baldwin wurde angeblich schwer auf den Kopf geschlagen und stand kurz vor einer Ohnmacht – aber trotzdem weiß er, dass der Dieb einen Sack aus Seide bei sich hatte? Er muss lügen. Hinzu kommt, dass, wenn er angeblich so schwere Kopfverletzungen hatte, er mehrere Stunden ohnmächtig war, er in einem viel schlechteren Zustand im Krankenhaus liegen würde. Baldwin hat den Überfall inszeniert, um das Geld der Versicherung zu kassieren und hat versucht, die Schuld einem seiner armen Angestellten in die Schuhe zu schieben.

2. Der Tote im Studierzimmer .... Seite 14

Die Mörderin ist das Dienstmädchen Sophie. Sie behauptet, sie habe die Tür zum Arbeitszimmer geöffnet, den Generaloberst gesehen, die Tür wieder zugeschlagen und angefangen zu schreien. Doch der Butler und die Köchin sagen aus, dass das Arbeitszimmer dunkel war und dass sie die Leiche erst gesehen haben, als das Licht eingeschaltet wurde.

3. Die gestohlene Statuette .... Seite 18

Draußen vor dem Fenster liegt Glas, nicht jedoch im Inneren des Hauses. Das heißt, dass das Fenster von innen eingeschlagen wurde, und Bill war als Einziger Zuhause. Er benutzte größere Stiefel, um die Fußspuren zu machen und vergaß beim Festtreten der Glassplitter in den Spuren, dass er damit bewies, dass sie nach dem Einschlagen des Fensters nachträglich dort platziert worden sind. Die traurige Tatsache ist, dass wenn er Anthony gefragt hätte, sein Bruder ihm das Geld zum Zurückzahlen seiner Schulden gegeben hätte.

4. Abendessen mit Freunden .... Seite 21

Toby Black ist der Mörder. Er sagt aus, dass er sah, wie der Killer sich von hinten an Knox heranschlich und ihm in den Rücken schoss. Allerdings wurde die Notiz in Knox Brusttasche von der Kugel getroffen, die später

LÖSUNGEN

aus der Leiche entfernt wurde, also muss Knox von vorn erschossen worden sein. Black lügt, um die Polizei auf eine falsche Fährte zu führen.

 5. Das Büro .... Seite 24

Die Mörderin ist Megan Kane, die Rezeptionistin. Sie behauptet, Mr. Floyd telefonierte gerade, als er plötzlich zu keuchen anfing und vom Schreibtisch zurück stolperte. Sie habe ihn in der Tür sterben sehen und sei geflohen. Allerdings liegt der Telefonhörer ordentlich auf dem Telefon, anstatt frei herunterzuhängen. Sie muss lügen. Victor hat den Fehler begangen, ihr zu erzählen, dass er ihr seinen Teil des Gebäudes in seinem Testament vermacht, und da Price unbedingt verkaufen wollte, ergriff sie die Chance zu erben und abzukassieren.

 6. Mord bei Mattingley .... Seite 27

Der Mörder hat sich als Austin Ball verkleidet. Die Mitglieder des Ornithologenverbands haben ihre Geschenke für Kyler Mattingley alle mit Bedacht und Sorgfalt ausgewählt. Ball schenkte ihm eine Vogelstatue aus Jade, ähnlich wie die in Miss Millers Zimmer, die er in Seide, die aussah wie sein Halstuch, eingewickelt war. Dies ist ein merkwürdiges Versäumnis in Anbetracht der hohen Bedeutung, die dem Besuch beigemessen wird, und der Mühe die sich die anderen Mitglieder mit ihren Geschenken gemacht haben. Der Grund dafür ist, dass der echte Austin Ball seit drei Tagen tot ist und der Mörder nichts von einem Geschenk wusste, bis Miss Miller es erwähnte. Ihm blieb nur übrig, einen Gegenstand aus seinem Zimmer in sein Halstuch zu wickeln und zu hoffen, niemand würde Verdacht schöpfen, bis er fliehen konnte.

 7. Der Logiker .... Seite 32

Brendon Cotton ist der Mörder. Die Figuren auf dem großen Brett befinden sich in einer Stellung, die es im Schachspiel laut der Regeln gar nicht gibt. Der Läufer bewegt sich nur auf Feldern derselben Farbe und jeder Spieler hat einen, der sich nur auf den weißen und einen, der sich nur auf den schwarzen Feldern bewegt. Auf dem großen Brett stehen zwei weiße

LÖSUNGEN

Läufer nur ein Feld voneinander entfernt. Das bedeutet, beide stehen auf einem Feld derselben Farbe. Niemand, der Schach spielen kann, würde diesen Fehler begehen. Cotton hatte von einem Klienten Geld unterschlagen und Rivera wusste davon. Deswegen kam Cotton bei ihm vorbei, um ihn zu überzeugen, seine Machenschaften zu vertuschen. Rivera weigerte sich, also ermordete Cotton ihn und versuchte dann, eine falsche Schachpartie zu nachzustellen. Leider machte er einen großen Fehler.

8. Der Maulwurf .... Seite 36

Emmett Sterling ist der Dieb. Er weiß, dass der Safe aufgebrochen wurde und dass die drei Angestellten die Verdächtigen sind, obwohl weder Peter noch Oliver ihm diese Information gaben. Sein Plan war, Peter aus dem Unternehmen zu verdrängen, und die Hauptbücher und das Geld für die Gründung seiner eigenen Firma mit Peters alten Klienten zu verwenden. Leider war er etwas zu übereifrig, die beiden von seiner Unschuld zu überzeugen.

9. Ein unerwarteter Tod .... Seite 41

David Spencer wird verdächtigt, sich selbst das Leben genommen zu haben, indem er zwanzig oder mehr große Tabletten geschluckt haben soll, doch in dem Raum steht nichts zu trinken. Es ist extrem unwahrscheinlich, dass jemand so viele große Pillen ohne Flüssigkeit einnimmt, und wenn man bedenkt, dass der Husten seinen Hals reizte, ist diese Annahme unhaltbar. Seine Frau Sheila hatte seit kurzem eine Affäre mit einem anderen Mann. Sie vergiftete David und richtete den Tatort so her, dass er nach Selbstmord aussah. Sie ließ das vergiftete Getränk verschwinden, und vergaß stattdessen ein Glas Wasser hinzustellen.

10. Der Kletterer .... Seite 44

Carson beschreibt, dass Jeffreys Körper an dem Kletterseil befestigt gewesen sei. Wenn Jeffrey wirklich abgestürzt sein sollte, wäre das Seil mit ihm in die Tiefe gestürzt und auf ihm gelandet, oder, wenn seine eigene Sicherung nachgegeben haben soll, wäre es an Ort und Stelle

LÖSUNGEN

hängen geblieben. In beiden Fällen, hätte es nicht unter ihm gelegen. Hayden, der eifersüchtig auf seinen Bruder war, weil er Bellas Aufmerksamkeit auf sich gezogen hatte, ermordete Jeffrey oben auf der Felswand, warf das Seil hinunter und schob die Leiche über die Klippe.

11. Tödliches Treffen .... Seite 47

Das Gift befand sich in den Eiswürfeln in dem Krug. Der Barkeeper, der in der Schuld von Hansen stand, hatte selbst Eiswürfel mit gefrorenem Gift in der Mitte vorbereitet. Als sie das für die Jahreszeit unübliche Eis-Getränk bestellte, verwendete der Barkeeper die vergifteten Eiswürfel. Hansen trank absichtlich ihr erstes Glas schnell auf, bevor die Eiswürfel schmelzen konnten, füllte es dann wieder auf, jedoch ohne davon zu trinken. So erhoffte sie sich, dass wenn gegen eine von ihnen Ermittlungen angestellt würden, der Verdacht auf Mrs. Rosenthal fiel, die das vergiftete Getränk nicht getrunken hatte, und ihr eigenes Überleben als Glückssache verbucht würde.

12. Die Foreman-Figuren .... Seite 51

Stella erklärt deutlich, dass in den Zeitungen steht, fünf Figuren seien gestohlen worden. Coombs kann nur wissen, dass es drei Figuren sind, die fehlen, wenn er selbst an dem Diebstahl beteiligt war.

13. Der Geizhals .... Seite 55

Das Dienstmädchen hat herum erzählt, dass Meyers mit einem Schürhaken ermordet wurde, aber Schürhaken als Waffen, werden fast immer wie ein Knüppel verwendet. Evan Patterson weiß, dass Meyers erstochen wurde. Dieses Detail kann er nur wissen, wenn er derjenige ist, der den Mord begangen hat.

14. Victors Beerdigung .... Seite 59

Agathas Nichtwissen begründet sie selbst mit ihrer Taubheit, doch sie reagiert im selben Augenblick wie Miss Miller auf den Aufschrei des Gärtners. Wenn sie einen Mann im lauten Trubel einer Totenwache hören

LÖSUNGEN

kann, kann sie definitiv den Schuss einer Pistole im Nebenzimmer hören – und sehr wahrscheinlich auch die vorangehende Auseinandersetzung.

15. Die Kette .... Seite 63

Sobald Parnacki auch nur leichtes Gewicht auf die Leiter ausübt, versinkt diese im Schnee. Falls irgendjemand sie hoch geklettert sein sollte, wäre sie bereits komplett bis zum Anschlag im Schnee versunken. Das bedeutet, dass es keinen Einbrecher gab. Einzig Jackson Stone hatte die Gelegenheit. Er stellte die Leiter auf, als er vorgab ins Badezimmer zu gehen, „entdeckte" sie dann und ließ die Kette verschwinden, während er vorgab oben nach dem Dieb zu suchen. Die Geschäfte liefen seit Jahren schlecht und der Verkauf eines solchen Schmuckstücks brachte selten den vollen Wert ein. Sein Plan war, die Versicherung um den Nennwert der Kette zu betrügen und sie dann für wie viel Geld auch immer zu verkaufen. Er stritt alles ab, doch die Kette wurde am nächsten Morgen im Schnee gefunden, und es wurde nie wieder über den Vorfall geredet.

16. Die Karyatiden .... Seite 67

Obwohl die Daten auf den Statuen nach modernen Berechnungen korrekt sind, begann unsere Jahreszählung erst 525 n. Chr. Demzufolge ist es unmöglich, dass ein Originalstück mit „302 n. Chr." gekennzeichnet ist. Zu der Zeit wurde das Jahr nach dem Regierungsbeginn von Diokletian bestimmt und das war im 18. Jahr der diokletianischen Ära. Unsere moderne Zeitrechnung begann, als ein Mönch namens Dionysius Exiguus gegen die Zeitrechnung eines bekannten Christenverfolgers aufbegehrte, errechnete, wie lange es her war, dass Jesus geboren worden war, und so das Anno-Domini-Konzept erfand. Auch wenn dieses erst zu Beginn des 9. Jahrhunderts zum Standard wurde.

17. Elwin .... Seite 70

Die Schwierigkeit für einen Mörder von außen zu fliehen, ohne gesehen zu werden, legt nahe, dass einer der Partygäste der Täter ist. Das Geschäft der Männer lief schlecht und Stephen und Grant gaben beide Elwin die

LÖSUNGEN

Schuld, schlechte Entscheidungen getroffen zu haben. Anstatt ins Badezimmer, ging Grant in Elwins Zimmer und erschoss ihn mittels einer Pistole mit Schalldämpfer. Das unterdrückte Geräusch wurde unten bei den Gästen nicht als Schuss wahrgenommen. Dann hob er die Patrone auf, platzierte scharfe Munition um den Kamin herum und ging wieder zurück zur Party. Wenige Minuten später hatte sich die Munition erhitzt und explodierte, sodass jeder dachte, Elwin wurde erschossen, während Grant das perfekte Alibi hatte. Die Hülle flog ins Zimmer hinein, wo sie die Polizei fand. Da die Kugel schwerer war, blieb sie im Kamin liegen, wo sie am nächsten Tag von Polizeibeamten gefunden wurde. Kurz darauf legte Grant ein Geständnis ab.

18. Der Selbstmord .... Seite 73
Natalie Alstons Beschreibung macht deutlich, dass das Klebeband, mit dem die Tür versiegelt worden war, von außen angebracht wurde, doch ihr Ehemann wurde tot im inneren des Zimmers gefunden. Es musste von jemand anderem zugeklebt worden sein, während er darin war.

19. Skylark .... Seite 76
Jeder nimmt an, dass der Mörder das Messer fallen ließ und auf die Seitenstraße floh. Doch das Messer wurde sehr nah an der Tür zur Bühne fallen gelassen, die nach innen aufgeht. Es hätte weiter im Flur gelegen, wenn der Mörder auf der Flucht die Tür aufgerissen hätte (oder, wenn er es nachdem er die Tür geöffnet hatte, fallen ließ, wäre es durch das Schließen der Tür in den Flur geschoben worden). Der Mörder muss das Messer fallen gelassen haben und Backstage geblieben sein.

20. Die Gefangene .... Seite 80
Matthew Bird ist der Kidnapper. Er weiß, dass Rosalyn ihn nicht identifizieren kann, weil sie ihn nicht gesehen hat. Sie würde ihn in einer Gegenüberstellung also niemals erkennen. Daher hofft er, dass ihre Unfähigkeit, ihn zu identifizieren, den Verdacht von ihm lenkt und ihm gegebenenfalls vor Gericht hilft.

LÖSUNGEN

 21. Das Trinkgeld .... Seite 84

Bücher werden ab der ersten losen Seite nummeriert. Seite 69 und 70 sind die Vorder- und Rückseite ein und derselben Seite. Was auch immer für ein Buch es war, es ist unmöglich zwischen diesen beiden Seiten etwas zu verstecken.

 22. Die Glaskugel .... Seite 88

Obwohl mindestens sechs Tassen Kaffee ausgeschenkt werden, ist die Kanne immer noch randvoll. Sobald alle ins Esszimmer durchgegangen waren, ließ Adam die Glaskugel schnell in die Kaffeekanne sinken, sodass der Inhalt fast bis oben hin stieg. Er gab die Glaskugel ein paar Tage später zurück. Alicia erwähnte die Kugel nie wieder und nach einem Monat hatte sie ihre mystischen Anwandlungen bereits völlig vergessen.

 23. Der Seemann .... Seite 91

Cuevas ist angeblich der Kapitän der *Emma*, doch abgesehen vom Namen, redet er von dem Schiff in der „es"-Form und nicht in der „sie"-Form. Dies verstößt gegen die allgemeine deutschsprachige nautische Tradition. In Wahrheit ist er ein Hochstapler, der versucht Cameron die Vorauszahlung für das Ebenholz aus der Tasche zu ziehen, welches es gar nicht gibt.

24. Der vermisste Mörder .... Seite 94

Es gibt keinen Mörder. Der LKW-Fahrer hat versucht seinen eigenen Safe aufzubrechen und den Inhalt zu stehlen. Unglücklicherweise war die Polizei gerade in der Nähe. Also, schlug er die Tür zur Schneiderei auf, feuerte wenige Schüsse Richtung des leeren Parkplatzes ab und ließ die Waffe fallen. Dann legte er sich selbst schnell in Handschellen und rannte in die hintere Ecke des Ladens, um vorzutäuschen, von einem Räuber als Geisel genommen worden zu sein, der geflohen war. Leider traf ihn die Kugel eines Polizisten tödlich, als er sich gerade in Deckung bringen wollte.

LÖSUNGEN

 25. Der letzte Wille .... Seite 97

Bob William war eingesessener Professor für Deutsch. Da „wiederrufen" eines der am meisten falsch geschriebenen Wörter im Deutschen ist, ist es höchst unwahrscheinlich, dass er es in einem so wichtigen Dokument wie seinem letzten Willen falsch mit „ie" schreibt – insbesondere einem, in dem er aus unerklärlichen Gründen seine geliebte Ehefrau enterbt. Jemand, der William und seiner Familie so viel Schaden wie möglich zufügen wollte, hat ihn ermordet und das falsche Testament geschrieben.

 26. Die wertvollen Flöten .... Seite 100

James Harrell ist der Dieb. Er ist kein echter Krimineller, nur ein Mann in finanziellen Schwierigkeiten, der, als ihm klar wurde, wie wertvoll die Flöten waren, die Gelegenheit ergriff, all seine Geldprobleme auf einmal zu lösen, ohne den Plan zu durchdenken. Trotz seiner Begeisterung für Macbeth befanden sich die Eintrittskarten in einwandfreiem Zustand, nicht abgeknickt oder auf andere Weise entwertet.

 27. Der Narzisst .... Seite 103

Anthony Stewart weiß, dass Pearce an einem Ladungsverzeichnis gearbeitet hat, obwohl er erst kam, als die Leiche gefunden worden war. Michael Solis bestätigte, dass Pearce morgens gerne den Papierkram alleine erledigte, und der Körper hing zusammengesackt auf dem Schreibtisch, der blutüberströmt war. Die einzige Erklärung, warum Steward wusste, woran Pearce gearbeitet hatte, ist, dass er der Mörder ist. Nach kurzen Ermittlungen gestand er die Tat. Da er die Wutanfälle von Pearce und dessen Beleidigungen nicht länger ertrug, kam er früh zur Arbeit und schnitt dem Mann die Kehle durch.

28. Prices Fehler .... Seite 107

Alle Verhörten haben ein wasserdichtes Alibi für die Zeit nach dem Gespräch und keiner hat eins für die Zeit davor. Doch die einzige Person, die vor dem Treffen von der Änderung im Testament wusste, war Shane Massey. Das heißt, dass niemand anderes zu dem Zeitpunkt, als

LÖSUNGEN

die Vergiftung stattfand, ein Motiv hatte, Ben zu töten. Also muss er der Mörder sein. Er hatte erwartet, dass er Bens Anteil der Firma erben würden, wie im aktuellen Testament vorgesehen, aber die Vorstellung, dass er seinen Teil der Unternehmensführung mit einem Katzenheim teilen müsste, war zu viel für ihn. Als ihm klar wurde, dass sich Ben nicht davon abbringen ließ, vergiftete er ihn mit einem langsam wirkenden Gift, und sorgte dafür, dass er ein glaubwürdiges Alibi für den Rest des Abends hatte, sodass die Familienangehörigen als einzige Verdächtige infrage kämen.

29. Absonderliches .... Seite 111

Natürlich weiß Sabrina, wie Rory seinen Kaffee trinkt. Doch während sie Oliver fragt, wie er seinen trinkt, fragt sie Kier nicht danach. Sie muss es gewusst haben, was impliziert, dass sie Kier sogar besser als Oliver kennt, der ein Freund ist. Die Wahrheit ist, dass sie und Kier sich regelmäßig nach ihren Meetings im Büro treffen – um eine große Überraschungsparty für Rorys bevorstehenden 25. Geburtstag zu planen.

30. Der Gärtner .... Seite 115

Ian Pages Garten vor dem Haus ist von so dicken und hohen Hecken umgeben, dass Parnacki Sam Moody oder den Polizisten erst sieht, als sie durch das Gartentor kommen. Doch Moody konnte jedes kleinste Detail des vermeintlich Verdächtigen aus dem Garten nebenan sehen. Das ist schier unmöglich. Moody lügt und außerdem weiß er von der Mordwaffe. Moody verabscheute Page schon seit Jahren, genauer gesagt, seit einer hitzigen Diskussion über die Grenzen ihrer beider Grundstücke. Page hatte die Hecken auch zum Teil so gezüchtet, dass sie Moodys Blumenbeeten die Sonne nahmen. Pages letzte Auszeichnung für seinen Garten brachte dann das Fass zum Überlaufen.

31. Der Einbruch .... Seite 118

Wenn der Einbrecher ein Loch in die Decke gebohrt und dann die Planen geöffnet hätte, würden die Planen auf dem Holz, den

Splittern und den Sägespänen liegen und nicht andersherum. Außerdem hätte der Einbrecher, wenn er den Stapel Kisten für seine Flucht benutzt hätte, den Schutt sehr wahrscheinlich dabei berührt. Tatsächlich hat Arlen selbst das Silber gestohlen und es woanders versteckt, und dann eine plausible Einbruchsszene nachgestellt. Leider ist ihm das nicht so gut gelungen.

32. Der Uhrmacher .... Seite 121

Eli nennt den älteren Jennings mehrmals seinen Onkel Nick, doch die Initialen des Uhrmachers lauten J.L. In Wirklichkeit hat Eli Jacob Jennings hinten im Geschäft festgebunden und war gerade dabei, ihn über dessen Waren auszufragen, als Miss Miller hereinkam. Eli drohte Jennings still zu sein, andernfalls würde er der Kundin etwas antun. Anschließend fragte er ihn nach seinem Namen. Jacob log in der Hoffnung, der Person, die gerade ins Geschäft gekommen war, einen heimlichen Hinweis zu geben. Eli versuchte Miss Miller eine Uhr zu einem günstigeren Preis zu verkaufen, teils, um sich als Verkäufer zu geben, teils, um etwas Geld von ihr einzuheimsen. Der Polizist kam rechtzeitig, bevor etwas Schlimmeres passieren konnte. Später kaufte Miss Miller Jacob die Tischuhr zum vollen Preis ab.

33. Die Frau des Vertreters .... Seite 124

Der Ersatzschlüssel liegt im Baumstumpf, doch die Fußspuren führen nur vom Stumpf zum Haus. Das bedeutet, dass der Ersatzschlüssel nicht zum Öffnen der Tür benutzt wurde, weil es keine Spuren gibt, die beweisen, dass er wieder zurückgelegt wurde. Da er so oft weg war, hatte Chatman den Verdacht, dass seine Frau ihn betrügt – was sie tatsächlich tat. Rasend vor Eifersucht entschied er, sie zu töten. Er checkte in einem Hotel in der Nähe ein, schlich zum Haus, zog ein zu großes Paar Schuhe an und ging entlang des Baumstumpfes auf das Haus zu, sodass es aussah, als hätte jemand den Ersatzschlüssel genommen. Da er ja seinen eigenen Hausschlüssel besaß, dachte er nicht daran, den Ersatzschlüssel wegzunehmen. Er ging hinein, tötete seine Frau, und

LÖSUNGEN

vor lauter Aufregung vergaß er hinterher vorzutäuschen, den Schlüssel wieder zurückgelegt zu haben. Dann ging er zurück ins Hotel, wusch sich und checkte am frühen Morgen aus.

34. Unter Verdacht .... Seite 127

Jemand will das Lawrence-Projekt zum Scheitern bringen – aber nicht Clayton Hendricks. Das Gebäude besteht zum jetzigen Zeitpunkt nur aus einem Gerüst und das seit über einer Woche. Man kann also leicht hindurchsehen. Doch als Clayton ankam, wurden gerade Schutzplanen darübergelegt. Da der Pausenraum auf der gegenüber liegenden Seite des Büros auf der Baustelle liegt, hätte der Bauarbeiter die Bürotür gar nicht sehen können, geschweige denn, Clayton beim Betreten identifizieren. Tatsächlich wurde der Bauarbeiter dafür bezahlt, die Bauarbeiten zu behindern, und zwar von denselben Leuten, die die Zulieferer gezwungen haben, abzuspringen. Er sah Clayton und den Bauleiter ins Büro gehen und wieder herauskommen, rannte dann hinein und stahl die Pläne für seinen echten Arbeitgeber. Clayton schien der perfekte Sündenbock zu sein. Deswegen suchte der Bauarbeiter den Bauleiter auf und erzählte ihm die ausgedachte Geschichte. Zu Claytons Glück war der Bauarbeiter so daran gewöhnt, aus dem Pausenraum, das seitliche Büro zu sehen, dass er vergaß, dass dies an dem Nachmittag nicht möglich war. Als Clayton und Miss Miller wieder beim Bauleiter ankamen, hatte der Bauarbeiter seinen Fehler schon erkannt und war verschwunden.

35. Blinde Panik .... Seite 130

Mitchell hatte sich den Pullover auf links, aber auch verkehrt herum angezogen. Es wäre also nicht möglich, das Etikett von hinten zu sehen. Maxim Davidson lügt, denn er muss ihn von vorne gesehen haben. Davidson hat Mitchell mit seiner Frau erwischt und bekam einen mörderischen Gewaltausbruch. Mitchell versuchte zu fliehen, doch Davidson schnitt ihm den Weg ab und erschoss ihn. Dann entsorgte er die Waffe, aber wurde von zwei Polizisten gestoppt bevor er die Gegend verlassen konnte. Er legte ein volles Geständnis ab.

LÖSUNGEN

 36. Das Baumwollfeuer .... Seite 133

Bronze erzeugt keine Funken, also kann es nicht die Türrollschiene gewesen sein. Das bedeutet, Darman lügt. Wie die Polizei später beweisen konnte, hat Darman das Feuer absichtlich gelegt. Dafür kassierte er eine Bezahlung von einem der Konkurrenten Benjamins.

 37. Eine unabhängige Frau .... Seite 136

Die genaue Todesursache ist noch unklar, wie die Zeugenaussagen von Anya Day und Briony Marley bestätigen, doch Easton Miles weiß, dass sie die Treppe heruntergefallen ist. Dies kann er nur wissen, wenn er sie selbst gestoßen hat. Außerdem widerspricht seine Beschreibung der Beziehung zu seiner Mutter der Aussage seiner Schwester. Im Rahmen von Nachforschungen erfuhr Parnacki, dass Easton hohe Spielschulden hatte. Als er ihn damit konfrontierte, gestand der Mann, seine Mutter getötet zu haben, um seinen Teil des Erbes ausgezahlt zu bekommen.

38. Die drei Globen .... Seite 140

Jack Horton ist der Dieb. Es ist schier unmöglich, dass jemand in den 90 bis 120 Sekunden zwischen dem Auslösen des Alarms und der Ankunft Kinnisons in der Tür, so viel Schaden anrichten konnte. Die einzige Erklärung ist, dass der Dieb bereits vor Ort war und der Alarm nicht beim Eintreten ausgelöst wurde, sondern als er die Tür zum Gehen öffnete. Kinnison sah Graves und Rooney das Geschäft verlassen, doch Horton ging angeblich, während sein Chef nicht da war. Tatsächlich hatte er sich in einem der Kleiderschränke versteckt, bereit, es als Scherz zu verkaufen, sollte ihn jemand entdecken. Sobald Kinnison weg war, konnte er ganz in Ruhe den Laden ausräumen. Dann zog er die Tür auf und schritt mit seiner Beute in die dunkle Nacht hinein. Er wusste nicht, wie man den Alarm ausschaltet – Kinnison war immer der erste und letzte im Geschäft – und entschied sich, es nicht zu versuchen, auch mit der Begründung, dass ein Fremder sowieso nicht gewusst hätte, dass es einen Alarm gäbe. Bei einer Durchsuchung von Hortons Haus fand man all die Wertgegenstände, nicht jedoch das Bargeld.

LÖSUNGEN

39. St. Peters Kirche .... Seite 143

Wenn Mrs. Jensen recht hat und die Drucke unter keinen Kleidungsstücken versteckt wurden, gab es nur einen Ort, wo sie unbeschädigt gelagert werden konnten – aufgerollt in dem hohlen Gehstock des alten Manns. Die Polizei machte ihn schließlich ausfindig und enttarnte ihn als fünfzigjährigen Dieb, der für seine Verbrechen Verkleidungen benutzte. Er verkleidete sich als alter Mann, um mehrere Kunstwerke zu stehlen. Die Polizei nahm ihn fest und gab die Drucke der St. Peters Kirche zurück, wo sie ausgestellt wurden.

40. Der Bräutigam .... Seite 146

Der Verdächtige ist Parker Newman, der Bruder der Braut. Das Fehlen von Sekundärbeweisen am Tatort und die Position der Leiche legen nahe, dass der Mörder sich die Zeit nahm, hinter sich aufzuräumen. Dies wiederum impliziert, dass die Blutspur an der Wand – dort hinterlassen von Gage Osbornes Faust aus purer Verzweiflungswut – nichts mit dem Mord zu tun hat. Newman hätte sich beim Fixieren der Krawatte nicht am rechten Zeigefinger verletzt, außer er wäre Linkshänder. Auch wenn dies möglich wäre, sind 90 Prozent der Bevölkerung Rechtshänder. Wenn Newman allerdings die Leiche in den Sessel platziert hat, ist es möglich, dass er sich an der Rose in McNeills Revers stach. Ermittlungen ergaben, dass Newman, der von McNeills altem Ruf als Weiberheld wusste, am Morgen in dessen Zimmer ging, um McNeill zu drohen, er solle ja nie seine Schwester betrügen. Die beiden gerieten in einen Streit, Newman schubste McNeill, der stolperte, stürzte und dabei mit dem Hinterkopf gegen die Kante der Fensterbank schlug. Panisch vor Angst, dass McNeill tot sein könnte, setzte Newman ihn zurück in den Sessel und räumte alles so gut es ging auf, um die Tat zu vertuschen.

41. Das Miniaturbild .... Seite 151

Es gab nur eine Person, die nicht genau wusste, in welcher Schublade Lila Palmer das Miniaturbild aufbewahrte – Pastor Allison. Alle anderen

LÖSUNGEN

waren dabei, als sie es wegräumte. Da es sowieso riskant war, das Miniaturbild zu klauen, kann man mit Sicherheit behaupten, dass der Dieb weder den Lärm noch die Zeit in Kauf nehmen würde, unnötige Schubladen auszuräumen. Das Miniaturbild wurde später in Pastor Allisons Besitz gefunden. Es war eine Verzweiflungstat gewesen, da er hohe Spielschulden und ziemlich aggressive Schuldeintreiber im Nacken hatte.

42. Dobsons Lederarbeiten .... Seite 154
Wie Oliver erklärt, führt der Abfluss der Gerberei in den Fluss, was bedeutet, dass das Wasser voll von Chemikalien ist, die organisches Material präservieren. In solch einer Umgebung wäre die Leiche viel langsamer verwest als gewöhnlich. Kellys Vater könnte also schon mehrere Tage tot sein. Schließlich ergaben die Ermittlungen, dass Dobson aus Angst, sein schrecklicher Betrug würde aufgedeckt werden, Kellys Vater bereits am Freitag ermordete, ihm dann ein großes Glas Scotch einflößte und ihn in den Fluss warf, im Glauben, die Wahrheit so vertuschen zu können, damit die Anwälte ihn raushauen konnten. Das hat nicht funktioniert.

43. Der frühe Vogel .... Seite 157
Der Hauptverdächtige ist Mason McKinney. Es ist allgemein bekannt, dass Mr. Calloway morgens immer der erste bei der Arbeit ist, aber McKinney gab Parnacki ein Alibi für den Abend davor und nicht für den Morgen. Das impliziert, dass er wusste, dass das Opfer an dem Abend ermordet wurde, was nur sein kann, wenn er selbst der Mörder ist. Parnacki fand heraus, dass McKinney der Firma Geld stahl. Als Parnacki ihn darauf ansprach, gab er zu, dass Calloway ihn ertappt hatte. Bevor ihm gekündigt werden konnte und er ruiniert gewesen wäre, brachte er seinen Chef lieber um und überredete seine Freunde, ihm ein Alibi zu geben.

44. Mord zum Frühstück .... Seite 161
Laut Johns ausführlicher Zeugenaussage war er den ganzen Tag über im Haus gewesen. Allerdings sind seine Schuhe mit feuchtem Matsch

LÖSUNGEN

beschmiert, was bedeutet, dass er draußen gewesen sein muss und zwar auf einem ungepflasterten Untergrund. In Wirklichkeit geriet Johns, der seine Frau regelmäßig misshandelte, wegen einer Kleinigkeit so sehr in Rage, dass er seine Frau erdrosselte. Als er zu sich kam und realisierte, was er getan hatte, zog er ihr die Fingerringe ab und versteckte sie, ging hinaus, um das Gartentor zu öffnen und lies auch die Küchentür auf, sodass er vortäuschen könnte, ein Dieb hätte sie ausgeraubt. Nachdem Parnacki ihm beweisen konnte, dass man einen Schuhabdruck in seiner Schuhgröße am Gartentor gefunden hat, legte er ein volles Geständnis ab.

45. Doppelidentität .... Seite 164

Chris Biddle ist der Dieb und er handelte allein. Kaysen sah vom Ende des Korridors Chris und dessen Reflexion im Spiegel, der am anderen Ende des Durchgangs hing. Er dachte, er sähe zwei Männer, doch es war nur einer. Als er hörte, dass Kaysen angelaufen kam, versteckte Chris die Geldbörse schnell zwischen dem Bestand und tat so, als wisse er von nichts, als Kaysen ihn nach einem unbekannten Mann fragte. Als ihm klar wurde, dass Kaysen keinen Verdacht schöpfte, fütterte Chris ihn mit Falschinformationen und holte sich die Geldbörse später. Nachdem Kaysen eine Zeugenaussage bei der Polizei machte, wurde gegen Chris ermittelt, der später gestand. Der größte Teil von Kaysens Geld wurde wiedergefunden.

LEVEL 2

1. Der Mann im Fass .... Seite 169

Chase Costello wurde von seinem Bruder Roman ermordet, doch es war Dessies Plan.

Als Chase klar wurde, dass sein Unternehmen den Bach runterging, aktualisierte er seine Lebensversicherung und schmiedete einen Plan zusammen mit seiner Frau. Chase täuschte vor, zu verschwinden und versteckte sich in der Hütte auf dem Land, das er vor Kurzem erworben

LÖSUNGEN

hatte. Dann fand er einen Obdachlosen, der seine Statur hatte und in seinem Alter war, und ermordete ihn. Er sorgte dafür, dass die Leiche nicht mehr zu erkennen war, kleidete sie in alte Klamotten von ihm und versenkte sie im Fluss. Der Plan war, dass Dessie, nachdem er mehrere Tage verschwunden war, die Leiche identifizieren und die Lebensversicherung in Anspruch nehmen würde und sie beide irgendwo anders ein neues Leben beginnen würden.

Doch Dessie stellte sich die Zukunft anders vor. Sie und Roman hatten sich in einander verliebt und dank Chases Plan konnten sie endlich zusammen sein.

Sie überredete Chase, noch etwas länger zu warten, damit es nicht mehr verdächtig aussah, wenn sie zu ihrer Familie fuhr. Dann täuschte Roman vor, jagen zu gehen, doch suchte stattdessen Chase in der Hütte auf, wog ihn in Sicherheit und ermordete ihn. Anschließend steckte er die Leiche in eins der Fässer im Hafen, um die Polizei auf die Fährte der organisierten Kriminalität zu führen. Roman und Dessie hatten sich auch darauf geeinigt, den Leuten vorzumachen, Dessie hätte eine Affäre mit Aristos, um im Vorfeld noch mehr Verwirrung zu stiften.

Am Ende wurden Roman wegen Mordes und Dessie wegen Mittäterschaft verurteilt.

Das einzig Positive an dieser traurigen Geschichte ist, dass sie Oscar und Aristos wieder näher zusammengebracht hat und sich eine andauernde Freundschaft entwickelte.

2. Das Feuerauge .... Seite 177

Der Gehilfe des Kochs ist eigentlich eine Frau. Sie ist die Diebin und verraten hat sie ihre Größe. Da Miss Miller nie das Gesicht der blonden Frau gesehen hat, konnte sie nicht wissen, dass die Frau androgyne, nicht erinnerungswürdige Züge hatte. Wegen des auffallenden Lippenstifts und der Wolke aus Haaren fiel dies auch den anderen Leuten nicht auf.

Sobald die Lichter ausgingen, stürzte die Diebin zur Bühne und wischte sich den Lippenstift ab. Sie ließ den Edelstein in die Kochmütze in ihrer Handtasche fallen. Die Mütze war hinten und vorne mit

LÖSUNGEN

etwas schwarzem, künstlichem Haar ausgestattet. Sie setzte sich die Mütze auf und sprang hinunter zum Blumenkübel, in dem sie die Jacke und Hose heimlich versteckt hatte. Nachdem sie das Kochoutfit über ihr Kleid gezogen hatte, zog sie die flachen Schuhe aus der Handtasche, steckte die Perücke und High Heels hinein, ließ sie im Blumenkübel verschwinden, glitt in die Schuhe und hechtete zur Tür. Doch sobald die Lichter wieder angingen, war ihr bewusst, dass sie ihn Schwierigkeiten steckte. Sie drückte sich fest an die Wand und versuchte, wie ein echter Kochgehilfe auszusehen.

Miss Miller hatte bereits bemerkt, dass die in türkis gekleidete Frau sieben Zentimeter hohe Absätze trug und damit 1,82 Meter groß war. Nach ihrer Berechnung musste die Frau demnach ohne Schuhe 1,75 Meter groß sein – groß für eine Frau, aber nicht ungewöhnlich. Sobald sie den Verdacht hegte, dass der Dieb immer noch im Raum war, nachdem die Lichter wieder angegangen waren, verglich sie die Körpergrößen der Anwesenden. Sie war sich sehr sicher, dass er noch da war und sich nicht hingesetzt hatte, weswegen sie sich auf die Leute, die standen, konzentrierte. Einzig der Kochgehilfe hatte die richtige Größe, um die vermisste Frau zu sein.

3. Das letzte Rennen .... Seite 185

Die Sauberkeit der Leiche lässt Oliver darauf schließen, dass Liam vor dem Rennen ermordet wurde. Die einzige Möglichkeit dorthin zu gelangen, ohne matschige Stiefel zu bekommen, ist, wenn man getragen wird. Es stellte sich heraus, dass eine Gruppe Krimineller Liam zwingen wollte, das Rennen absichtlich zu verlieren, wogegen der sich hartnäckig weigerte. Nachdem sie ihm eine letzte Warnung per Brief haben zukommen lassen, ermordeten sie ihn und bewahrten die Leiche kühl in einem Kartoffelsack auf. Ein Doppelgänger ging dann an Liams Stelle zum Pferderennen und hielt sich so gut es ging fern von den Leuten. Dieser Doppelgänger verlor das Rennen mit Absicht und floh im Anschluss. Komplizen brachten Liams Leiche dann in den Raum, in dem die Kartoffeln gelagert wurden, nahmen

LÖSUNGEN

sie aus dem Kartoffelsack, platzierten die Waffe neben ihm und benutzten Schweineblut, das aussah als flöße es aus der Kopfwunde. Leider vergaßen sie dabei, dass Liam aufgrund des Matsches überall eher schmutzig als fleckenfrei sauber hätte sein müssen. Als die Polizei widerwillig das Blut untersuchte und herauskam, dass es sich nicht um menschliches Blut handelte, wurde der Fall neu aufgerollt und der Mörder schließlich unter einem Kartell von Mobstern und betrügerischen Buchmachern gefunden.

 4. Das Grand Hotel .... **Seite 193**

Damian Edwards ist der Mörder und verraten hat ihn seine Krawatte.

Als er davon hörte, dass Smallwood im Hotel war, nutzte er die Gelegenheit, seinen älteren Bruder zu rächen, der starb während er unter Smallwood arbeitete. Er gelangte ins Zimmer, indem er vorgab, eine zweite Flasche Champagner zu bringen. Sobald er drinnen war, zog er seine Jacke aus und erstach Smallwood mit der Schere, die er für diesen Zweck dabei hatte. Als der Mann tot war, entdeckte Edwards, dass sein eigenes Hemd und die Krawatte Blut überströmt waren. Er zog beides aus, wischte sich sauber und warf die Teile in das flackernde Feuer. Dann durchwühlte er die Koffer des Mannes nach Ersatz. Ein weißes Hemd war kein Problem, jedoch fand er nur eine schwarze Krawatte. Dann rief er den Hotelmanager an, denn er wusste, wenn er die Flurleitung anrief, bevor das Chaos ausbrechen würde, würde sie sehr wahrscheinlich merken, dass er eine falsche Krawatte trug.

Edwards beging noch einen anderen großen Fehler: Er beschrieb, dass der vermeintliche Mörder gerade dabei war, die Tür zu öffnen, als er ihn sah – auf dem Türgriff wären dann allerdings blutige Fingerabdrücke, wenn er die Wahrheit sagen würde. Hinzu kommt, dass es keinen Grund dafür gab, dass Edwards den Verstorbenen kannte, und dass es unwahrscheinlich ist, dass ihm aufgetragen wurde, er solle eine Obstschale auffüllen. Das wäre die Aufgabe des Dienstmädchens während es morgens das Zimmer herrichtete und keine willkürliche Sache, die nachmittags erledigt wird.

LÖSUNGEN

 5. Der Club .... **Seite 201**

Elliot Grayson hatte die Gelegenheit. Er verließ das Blackjack-Spiel um 15 Uhr 30 und ging für fünfzehn Minuten in die Bar, die er um 15 Uhr 45 wieder verließ, genau wie Dustin. Dann spielte Elliot bei der Hazard-Partie mit, die um 16 Uhr anfing. Das bedeutet, es ist ungeklärt, wo er zwischen 15 Uhr 45 und 16 Uhr war. Sobald er die schlechte Nachricht von Brittons Tod erhielt, gestand er die Tat sofort. Er hatte Britton allein in der Herrentoilette gesehen, sich von hinten an ihn herangeschlichen und seinen Kopf gegen die Wand gestoßen, damit er bewusstlos wurde. Dann stahl er den Koffer und versteckte ihn unter einem Tisch in einer ruhigen Ecke des Pokerzimmers, um ihn sich später am Abend zu holen, wissend, dass Britton ihn nicht erkennen würde. Er hatte nie vor, den Mann ernsthaft zu verletzen, doch, wie den meisten Menschen, war ihm nicht klar, dass ein Angriff, bei dem ein Mensch bis zur Bewusstlosigkeit verletzt wird, häufig tödlich endet.

 6. Tod am Kamin .... **Seite 209**

Der Mörder war Victors Sohn Benjamin. Er tötete Victor gegen 13 Uhr, während Lucas, Delilah und ihre Familien gemeinsam Mittag aßen und Julian mit Giselle Renton zusammen war. Benjamins Vater war nicht mit seinem ausschweifenden Lebensstil einverstanden. Nach mehreren Diskussionen hatte er entschieden, ihn so lange aus seinem Testament zu streichen, bis Benjamin verheiratet wäre. So weit wollte Benjamin es nicht kommen lassen. Also verließ er das Haus morgens so, dass jeder ihn sah und kam zurück, während alle anderen beschäftigt waren. Nachdem er seinen Vater erstickt hatte, wickelte er ihn in eine warme Decke ein, setzte ihn in den Sessel neben dem Feuer und fachte es mit all der Kohle an, die er finden konnte, sowie mit dem Kissen, mit dem er Victor erstickt hatte. Dann schloss er die Tür, verließ das Haus wieder und kam lautstark pünktlich zum Meeting zurück, welches er einberufen hatte, um sich ein Alibi zu geben. Ganz nach Benjamins Plan war Dr. Braden aufgrund der Hitze im Raum und der Wärmeisolierung des Körpers fälschlicherweise von einer späteren Todeszeit ausgegangen.

LÖSUNGEN

 7. Der Schummler .... **Seite 218**

Cameron Honeycutt ist der Einbrecher. Er ist der einzige der Studenten, der groß genug ist, um durch den oberen Teil des Fensters von dem Büro des Professors zu sehen. Außerdem ist er von allen am Besten organisiert und am pragmatischsten – Jacob ist unordentlich, Nicholas ganz von seinem Schmerz eingenommen und Alexander ein Träumer – und gut im Sport zu sein, impliziert zumindest eine gewisse Selbstdisziplin. Und schließlich hat Cameron ein ausgezeichnetes Gedächtnis, was er durch sein beeindruckendes Allgemeinwissen bewies. Das hat ihm geholfen, sich nicht nur zu merken, wo das Examen lag, sondern auch sich alle Fragen, um bei der Prüfung zu schummeln, zu merken.

Als Cameron nachmittags zur Rede gestellt wurde, gestand er. Er hatte Dean am Morgen an dem Examen arbeiten sehen, als er am Büro vorbei ging, und bleib so lange stehen, bis er sehen konnte, wo Dean es verstaute. Dann suchte er sich einen Freund aus seiner Sportmannschaft, der eine kriminelle Vergangenheit hatte, und brach mit ihm in der Nacht in Deans Büro ein. Cameron öffnete das Examen und merkte sich alle Fragen. Erst da wurde ihm bewusst, dass er die Rolle nicht wieder versiegeln konnte. Er entschuldigte sich immer wieder und am Ende entschied Dean sich, ihn vom Examen auszuschließen, aber dem nicht weiter nachzugehen, unter der Bedingung, dass so etwas nie wieder vorkommen würde.

 8. Wildhern .... **Seite 227**

Caroline wurde nur aufgrund ihrer Ähnlichkeit mit Mary, der ältesten Tochter der Whitings, eingestellt. Einige Monate vor Carolines Anstellung, hatten Mr. und Mrs. Whiting herausbekommen, dass ihre Tochter eine heiße Liebesaffäre mit dem Handwerkerlehrling Dean Kelly hatte. Vollkommen entsetzt über die Wahl Marys, sich mit einem Mann aus so einer niedrigen sozialen Schicht einzulassen, befohlen sie ihr, die Beziehung zu beenden. Nach einer Reihe von bitteren Diskussionen und Versuchen, die beiden Verliebten voneinander fern zu halten, feuerten die Whitings das gesamte Hauspersonal und schlossen Mary in einem Zimmer auf dem Dachboden ein. Kevin und Emily erzählten sie,

LÖSUNGEN

ihre Schwester sei sehr krank und sie sollten niemals mit dem Personal oder anderen Leuten außerhalb des Hauses über sie sprechen, um einer Katastrophe vorzubeugen. Zuerst hofften die Whitings, dass Dean Kelly, weil er nun nicht mehr mit Mary sprechen konnten, von ihr ablassen würde.

Als Kelly dann anfing, in seiner Freizeit das Haus zu beobachten, heuerten sie eine Doppelgängerin an – Caroline –, steckten sie in Marys Kleider und gaben ihr Aufgaben im Haushalt, sodass es aussah, als würde sie ihr Leben wie gehabt weiterleben. Mr. Murray wurde aufgetragen, Kelly niemals anzugreifen, sondern die Whitings nur zu informieren, wenn er sich auf dem Gelände herumtrieb. Die Whitings gaben sich größte Mühe, Caroline als Mary, glücklich im Kreise ihrer Familie, auszugeben.

Zu Zeiten, wenn Mary schrie oder Krawall machte, versammelte Mrs. Whiting alle Familienmitglieder, um so viel Lärm wie möglich zu machen, der Marys Aufstand übertönte. Kelly verlor die Hoffnung, als Caroline ihn bemerkte. Er war zu weit weg, um sicher zu gehen, dass es sich nicht um die echte Mary handelte, doch da sie ihn offenbar nicht erkannte, wurde er skeptisch. Also fing er an, sie so oft wie möglich zu beobachten.

Kurz nach Carolines Flucht, gaben die Whitings ihren Versuch, Mary wegzusperren, auf. Oliver machte ihnen klar, dass sie sich jetzt zumindest sicher sein könnten, dass Kelly Mary aufrichtig liebte.